DAS KI–BUCH

Koichi Tohei

DAS KI–BUCH

Der Weg zur Einheit von Geist und Körper

Kristkeitz Verlag

CIP-Kurztitelaufnahme der Deutschen Bibliothek

Tohei, Koichi:
Das Ki-Buch: d. Weg zur Einheit von Geist und Körper / Koichi Tohei. – 1. Aufl. – Berlin: Kristkeitz, 1981.
Einheitssacht.: Ki-no-Hanashi <dt.>
ISBN 3-921508-13-4

Erste Auflage 1981. Einzig berechtigte Übersetzung aus dem Japanischen: Übersetzungsabteilung des Ki no Kenkyukai, Tokyo. Titel der Originalausgabe: „Ki no Hanashi“.

Werner Kristkeitz Verlag, Hedemannstr. 11, D-1000 Berlin 61

Satz: Kristkeitz, Berlin 61

Druck: Movimento, Berlin 61

ISBN 3-921508-13-4

Vorwort

Die Technik berührt heute schon fast jeden Bereich des Lebens. Und dieser Prozeß geht noch weiter, je mehr die Entwicklung neuer Maschinen vorangetrieben wird. Automaten nehmen den Menschen die Arbeitsplätze, und ein Knopfdruck genügt, um einen Atomkrieg auszulösen.

Nach und nach beginnt die Welt jedoch wieder zu begreifen, daß es der Mensch ist, für den die Maschinen zu arbeiten haben und nicht umgekehrt. Und wir sehen inzwischen ein, daß uns die Wissenschaft, trotz ihrer Leistungen, wenig dabei geholfen hat, unser eigenes Wesen zu verstehen und die Kraft, die uns innewohnt, zu erkennen und auszuschöpfen.

Es hat keinen Sinn zu hoffen, daß die Wissenschaft uns diese Aufgabe abnimmt. Jeder einzelne von uns muß sich vielmehr jetzt selbst der Aufgabe stellen, sein eigenes Wesen und die Kraft, die er besitzt, zu verwirklichen. Im *Saikontan*, einem berühmten chinesischen Klassiker, heißt es: „Wie Bettler stehen wir vor dem Tor und haben die unendliche Kraft, die das Universum uns gegeben hat, vergessen."

Natürlich hat es in der Geschichte immer wieder große Menschen gegeben, die diese unbegrenzte Macht, die ihnen dargeboten wurde, verwirklicht haben.

Menschen wie der Buddha und viele andere, weniger berühmte, konnten ihr ursprüngliches Wesen und ihre wahre Stärke durch die Einheit von Geist und Körper verwirklichen. Aber der „normal Sterbliche" sieht diese Menschen als übernatürlich und unerreichbar. Er glaubt, sie seien mit magischen Kräften ausgestattet und sieht nicht, daß die Kraft eines Buddha, eines christlichen Heiligen oder auch nur eines erfolgreichen Geschäftsmanns oder Politikers für jeden von uns tatsächlich erreichbar ist. Aber anstatt uns ängstlich vor unseren Fähigkeiten zu verstecken, sollten wir dankbar für sie sein. Und wir sollten danach streben, sie wirken zu lassen, sie auszuschöpfen und anderen helfen, das gleiche zu tun.

Ich betrachte die Vier Grundprinzipien der Einheit von Geist und Körper als mir vom Universum gegeben, um den WEG des Universums bekanntzumachen und zu verbreiten. Zwar haben viele die Einheit von Geist und Körper erreichen können, wenige jedoch konnten sie anderen vermitteln. Und noch viel weniger konnten lehren, wie man sie unterrichtet. Wer aber die vier grundlegenden Prinzipien, die in diesem Buch dargestellt sind, lernt, weiß nicht nur, wie er selbst Geist und Körper in Einheit bringen kann, sondern auch, wie man es anderen beibringen kann. So bitte ich alle, die aus diesem Buch lernen, ihr Wissen weiterzugeben, sodaß das Verständnis des WEGES in einer Kette ohne Ende fortgeführt werden kann.

Koichi Tohei

Koichi Tohei

Inhalt

Kapitel 1
WAS IST KI ?

Ki fließen lassen

Was braucht man alles zum Leben? Essen, Wohnung, Kleidung, Wasser, Luft. Aber fehlt da nicht etwas? Doch, KI – etwas so Grundlegendes für das Leben, daß wir es oft genug einfach vergessen.

Jemand geht ans Meer, schöpft mit seinen Händen etwas Wasser heraus und ist überzeugt: „Das ist mein Wasser." In einem gewissen Sinn hat er natürlich recht, eine Zeitlang gehört es ihm. Aber eigentlich und letztlich gehört es dem Meer. Ob er es am Strand durch die Hände in den Sand rinnen läßt oder ob es verdunstet, als Teil einer Wolke kondensiert und als Regen wieder zur Erde fällt – „sein" Wasser wird immer ins Meer zurückkehren.

Genauso ist es auch mit unserem Leben. Mit unserem Körper umschließen wir einen kleinen Teil des Universums und sagen: „Das bin ich." Aber das KI, das uns Leben gibt, ist Teil des KI des Universums – in genau demselben wirklichen und konkreten Sinn wie die Tatsache, daß jene Handvoll Wasser ein Teil des Meeres ist.

Der Spaziergänger am Strand muß sich jedoch eigens hinabbeugen, um Wasser aus dem Meer zu schöpfen, während man die Lebenskraft andauernd und unwillkürlich empfängt. Unser persönliches KI ist untrennbar mit dem KI des Universums verbunden und tauscht sich ständig mit ihm aus. So ist die Essenz des Lebens ein dauerndes wechselseitiges Strömen und Zurückströmen zwischen unserem KI und dem KI des Universums. Ist der Strom stark und wird er nicht behindert, sind wir gesund. Hält der Fluß zeitweise an, werden wir bewußtlos. Hält er ganz und endgültig an, sterben wir.

Man kann auch folgenden treffenden Vergleich ziehen: Wird ein Auto oft gefahren, bleibt die Batterie geladen. Ebenso wird das KI, das man durch die tägliche Arbeit verbraucht, immer wieder von Grund auf durch das KI des Universums erneuert. Läßt man das Auto lange unbenutzt stehen, so führt das zum gleichen Ergebnis, wie wenn man KI nicht kraftvoll fließen läßt, nämlich zu einer leeren Batterie.

Natürlich muß auch eine Batterie in gewissen Abständen nachgeladen werden. Dasselbe gilt für unser KI. Beim Schlafen, der einzigen Zeit, in der die meisten Menschen fähig sind, sich wirklich zu entspannen, wird unser KI vollständig erneuert. In den Phasen tiefer Entspannung, wenn die Gehirnwellen gleichmäßig ruhig geworden sind, empfängt das Gehirn das KI des Universums.

Das ist der Grund dafür, daß wir uns selbst nach neun oder zehn Stunden unruhigen Schlafs wenig ausgeschlafen fühlen, während schon fünf oder sechs Stunden genügen können, wenn er friedlich und ungestört ist. Schlaf ist lebensnotwendig. Ein Mensch mit starkem KI kann zehn oder zwanzig Tage ohne Nahrung leben, doch schon fünf Tage ohne Schlaf reichen aus, um ihn zu töten. Im Japanischen nennt man dies *kishi* – Tod aus Mangel an KI. Schon seit eh und je ist es eine bewährte Methode, Gefangene dadurch zu brechen, daß man sie zwingt, längere Zeit wach zu bleiben. Drei Tage ohne Schlaf sind üblicherweise genug, um auch aus dem hartnäckigsten Verbrecher ein Geständnis zu pressen.

In den vergangenen zehn, fünfzehn Jahren sind Schlaftabletten sehr in Mode gekommen. Diese Tabletten haben die Eigenschaft, das Gehirn zu betäuben; es entsteht ein todesähnlicher Zustand. Folglich kann das KI des Universums das KI des Einzelnen nicht erneuern, und die bekannten Wirkungen der Schlaftablettensucht sind denn auch: Verlust an Vitalität, Depressionen und schließlich ein allgemeiner schlechter Gesundheitszustand. Diese Probleme sind offensichtlich keine Folge körperlicher Müdigkeit, wenn auch ein mit Drogen vollgestopfter Körper gewöhnlich wie ein Lappen ist. Nein, das sind eindeutige Zeichen für einen Mangel an KI.

Um noch einmal auf das Beispiel der Batterie zurückzukommen: frisches KI strömt in dem Maße in unseren Körper, wie wir selbst KI fließen lassen. Je mehr KI man abgibt, desto wirksamer ist dieser unmittelbare Ladevorgang, und so kann man auch mit wenig Schlaf in der Nacht seine körperliche und geistige Kraft wiederherstellen.

Wenn Sie glücklich und kraftvoll leben wollen, müssen Sie zuerst lernen, KI strömen zu lassen. Das ist das vierte der Vier Grundprinzipien der Vereinigung von Geist und Körper.

Das unendlich Kleine

Was ist das KI des Universums?

Schauen Sie zur Sonne, die am Himmel scheint. In welchem Zustand befand sie sich, bevor sie zu glühen begann? Wir können in dieser Weise alles im Universum befragen, und so kommen wir in einer endlosen Spirale von Fragen zu der Vorstellung von einem Etwas, das fast nichts ist und dennoch existiert.

Was waren Sie vor Ihrer Geburt? Ein Fötus im Leib Ihrer Mutter. Und davor? Natürlich die Vereinigung des Samens Ihres Vaters mit der Eizelle Ihrer Mutter. Aber was war davor? Vor der Pubertät Ihrer Eltern gab es diese Keimzellen nicht. Was und worin waren Sie also?

Der Mensch entstammt wie jedes andere Geschöpf und jeder Gegenstand dem „Fast Nichts", der unteilbaren Substanz, aus der das Universum geschaffen ist. Das ist KI. Die Christen nennen es „Gott", die Buddhisten „Buddha", die Anhänger des Soka Gakkai „Gohonzon". Dies alles sind Namen aus verschiedenen Sprachen und Kulturen für die gleiche Sache, genauso wie wir im Japanischen „te" und im Deutschen „Hand" sagen.

Das absolute Universum war ursprünglich Eins. Zwei entgegengesetzte Kräfte traten auf, und die Welt des Relativen war erschaffen. Wir neigen dazu zu glauben, die Welt des Relativen, die wir um uns herum sehen und hören, sei die einzige, und so vergessen wir die Welt des Absoluten dahinter. Die absolute Menge des KI des Universums ist konstant und immer in Fluß. So heißt es im Buddhismus: „Es gibt keine Geburt und kein Vergehen, weder Beschmutzung noch Reinheit, weder Zunahme noch Abnahme."

Im Sommersemester 1974 leitete ich einen sechswöchigen Kurs im Fullerton College in Kalifornien. Man hatte dort einen neuen Kurs unter dem Titel „Entwicklung von KI" angeboten als Brücke zwischen der Psychologie, die sich nur mit dem Denken und dem Geist befaßt, und der körperlichen Erziehung, die sich allein an den Körper wendet. Letztlich sind Geist und Körper eins, und es gibt keinerlei Grenze zwischen beiden. Der Geist ist verfeinerter Körper, und der Körper ist unverfeinerter Geist. Es wäre töricht zu glauben, die beiden seien voneinander getrennt.

Jahrelang habe ich versucht, die Lehre von der Einheit von Geist und Körper in akademischen Kreisen einzuführen. In Japan fand ich nirgends Gehör. Aber in Amerika interessierten sich die Universität von Hawaii und das Lewis and Clark College, und das Fullerton College ging nun sogar so weit, einen neuen Kurs dafür einzurichten.

Der Lehrgang zählte über 300 Teilnehmer, darunter Ärzte, Juristen, Professoren und Studenten. Anwesend waren auch Dr. Terry Gunther und Dr. George Breed vom Institut für Psychologie der Universität von South Dakota sowie Dr. Melvin vom Institut für Musikwissenschaft der Universität von Pennsylvania. Vom Fullerton College nahmen unter anderen teil Dr. Steve Simons, Philosophie, und Dr. Lau San Tsai, Psychologie. Dr. Tsai ließ einen Hund, eine Katze und eine Maus zusammen aufwachsen und veröffentlichte die Ergebnisse seiner Untersuchungen im LIFE-Magazin: wieviel Ironie liegt in der Tatsache, daß Menschen nicht in der Lage sind, zusammen zu leben, während diese Tiere es können! Er wurde für den Nobelpreis vorgeschlagen.

Ich unterrichtete also in der großen Turnhalle der Schule Entwicklung von KI und Aikido, und jeden Mittag gab ich eine Frage-Antwort-Stunde, obwohl ich zuvor nie die Absicht gehabt hatte, vor Hochschulprofessoren zu dozieren. Eines Tages fragte mich Dr. Melvin: „Töne und Licht kann ich mathematisch ausdrücken. Ist das auch für KI möglich? Hat das schon einmal jemand getan?"

Der Art seiner Fragestellung konnte ich entnehmen, daß er über KI in Begriffen wie Schwingungen pro Sekunde dachte und ihm der grundlegende Charakter der Sache entgangen war. Also erklärte ich es ihm so mathematisch wie möglich. „Ja", sagte ich, „das ist möglich. Es gibt tatsächlich jemanden, der eine mathematische Erklärung für KI hat."

„Ach", meinte Dr. Melvin, „und wer ist das?"

„Ich", antwortete ich lächelnd.

Alle lachten. Der Professor blieb ernst und fragte weiter: „Können Sie mir also bitte eine mathematische Erklärung für KI geben?"

„Natürlich. Die Grundeinheit der Mathematik ist die Zahl Eins, nicht wahr?"

Dr. Melvin nickte.

„Das Universum ist eins, ein Mensch ist eins, ein Stein ist eins. All das kann durch die Zahl Eins dargestellt werden." Ich hielt einen Finger hoch. „Das ist eins. Wenn ich es um die Hälfte vermindere, bleibt dennoch eins. Wenn ich es auf diese Weise unendlich oft halbiere, wird es dann jemals null werden?"

„Nein", meinte der Professor, „das wird es nicht."

„Es wird niemals null. Wenn es eins gibt, wird es immer auch die Hälfte davon geben. KI ist die unendliche Reihe unendlich kleiner Teilchen."

Alle applaudierten. Das war zwar nicht das, was Dr. Melvin erwartet hatte, doch es war sicher eine mathematische Erklärung.

Dieser Gedanke findet sich auch in dem schwierigen, oben zitierten buddhistischen Text *Hannya Shingyo*. In Worten ist eine solche Vorstellung schwer zu fassen, aber in dieser mathematischen Form kann sie selbst ein Kind verstehen.

Frau Melvin, eine Musiklehrerin mit guter Intuition, war vollauf zufrieden, ihr Mann dagegen verblüfft. „Es ist schwierig", meinte er nachdenklich, „eine unendliche Reihe zu berechnen. . ." Alle lächelten.

Den Geist positiv gebrauchen

KI ist die Grundeinheit des Universums. Es ist die unendliche Reihe unendlich kleiner Teilchen. Letztlich setzt sich alles aus KI zusammen. Wenn man diese Vorstellung bis in die Tiefe des menschlichen Bewußtseins weiter verfolgt, kann man den universalen, allumfassenden Geist, der alle Schöpfung regiert und alles Leben liebt und beschützt, verstehen. Den universalen Geist zu verstehen, ist grundlegend und notwendig, um den Geist des Friedens und der Einheit mit der Natur zu erfassen.

Die Menschheit quält sich in ihrer Sucht nach den Prinzipien und Begriffen der relativen Welt. Die einzige Hoffnung ist, sich mit der absoluten Welt, die hinter der relativen angesiedelt ist, zu befassen, und das Wesen von KI zu begreifen.

Alles entstammt dem KI des Universums. Die Wechselwirkung zweier widerstreitender Kräfte erschuf die Welt, in der wir leben. Im Osten nennt man diese zwei Kräfte Yin und Yang, im Westen Positiv und Negativ. Edison erklärte, das Universum bestünde aus Elektrizität. Das, wovon er aber eigentlich sprach, ist die Grundlage der Elektrizität, die unsere Haushaltsgeräte antreibt: das KI des Universums.

Da nichts aus dem Nichts entstehen kann, ist es auch falsch zu sagen, Elektrizität werde durch Generatoren „produziert“. Diese Kraft durchströmt das Universum zu jeder Zeit. Wir nennen sie „Elektrizität“, wenn sie durch ein Kraftwerk in eine Form gebracht wird, die wir mit unseren fünf Sinnen wahrnehmen können.

Elektrizität besteht aus einer positiven und einer negativen Komponente. Das gleiche gilt für unser persönliches KI. Das KI des Universums ist eins und hat keine Einzelteile. Das KI jedoch, das über das menschliche Gehirn erzeugt wird, nimmt entweder positiven oder negativen Charakter an. Diejenige Seite einer Wand, die der Sonne zugewandt ist, ist hell, die andere ist dunkel. Beide zusammen ergeben allein die „wirkliche“ Wand. Es ist sinnlos, erörtern zu wollen, welche Seite echter ist.

Es ist richtig zu sagen: „Gott ist Liebe.“ Es ist ebenso möglich zu sagen: „Das Universum kennt keine Gnade.“ Alles ist abhängig von Ihrer Sichtweise. Wenn Sie ein glückliches, kraftvolles und gesundes Leben führen wollen, sollten Sie die helle Seite betrachten. Wenn Sie sich von Düsterkeit und Trübsinn angezogen fühlen, so schauen Sie auf die dunkle Seite. Wenn Sie nach Süden gehen wollen, sollten Sie nach Süden gehen. Sie werden nie im Süden ankommen, wenn Sie immer weiter nach Norden gehen. Sie können Ihr Leben lachend oder weinend verbringen. Das liegt an Ihnen.

Wollen Sie die positive Seite der Dinge betrachten, so glauben Sie daran, daß der Weg des Universums der Weg der Liebe ist. Gebrauchen Sie dann Ihren Geist positiv, und lassen Sie KI fließen! Wollen Sie jedoch die dunkle Seite des Lebens betrachten, dann liegt der Weg offen vor Ihnen: glauben Sie an die Unbarmherzigkeit der Quelle des Lebens, gebrauchen Sie Ihren Geist negativ, beklagen Sie sich, und ziehen Sie KI zurück!

Wenn Sie Ihr KI, ihre Körperkraft und Widerstandsfähigkeit stärken und Erfolg in den Dingen haben wollen, die Sie tun, so müssen Sie danach streben, eins zu werden mit dem KI des Universums. Wenn Sie KI abgeben, es strömen lassen, wird Ihr Körper mit neuem KI erfüllt. Daher ist es notwendig, den Geist positiv zu gebrauchen und KI nach außen zu geben.

Um eins zu werden mit dem Universum, ist es notwendig, Geist und Körper in Einheit zu bringen. Diese Vereinigung von Geist und Körper ist die Grundlage des Gebäudes, die Wurzel des Baumes. Ein Wolkenkratzer kann nur auf einem festen Fundament gebaut werden, und eine mächtige, dickstämmige Eiche ist ohne kräftige Wurzeln nicht mehr als eine schöne Idee. Der moderne Mensch versagt, weil er Blumen produzieren will, bevor die Wurzeln gewachsen sind.

Wollen Sie also ein kraftvolles Leben führen, so versuchen Sie zunächst, Geist und Körper zur Einheit zu führen.

Kapitel 2
DIE VIER GRUNDPRINZIPIEN DER EINHEIT VON GEIST UND KÖRPER

Die meisten Menschen halten, wenn sie nicht weiter darüber nachdenken, einen Eisberg für einen Eisklotz, der auf dem Wasser treibt. Nur weil sie sie nicht sehen können, vergessen sie die 85 %, die unter der Wasseroberfläche liegen.

In gleicher Weise messen viele die Stärke eines Menschen an seiner physischen Kraft. Nur weil sie sie nicht sehen können, vergessen sie die viel stärkere Kraft des Geistes.

Genau wie jedoch ein Eisberg aus einem sichtbaren und einem unsichtbaren Teil besteht, ist die wahre Kraft eines Menschen die von Geist und Körper zusammen. Nur in der Einheit von Geist und Körper können wir unsere wahre Stärke, die Kraft aus KI, benutzen.

Eine alte japanische Erzählung berichtet von einer schwachen, alten Frau, deren Haus in Brand geriet. Als das Feuer sich ausbreitete, nahm sie eine riesige Kiste mit den wertvollsten Familienschätzen und trug sie hinaus ins Freie. Nachdem das Feuer gelöscht war, versuchte sie, die Kiste wieder zurückzubringen, konnte sie jedoch nicht einmal anheben.

Fast jeder von uns hat derartige Dinge schon einmal gehört oder sogar erlebt. In der akuten Gefahr des Feuers war die alte Frau in der Lage, Geist und Körper in vollkommene Einheit zu bringen und so ihre wahre Stärke zu benutzen. Sobald die Notsituation vorbei war, hatte sie jedoch diese Einheit wieder verloren, und die alte Schwäche konnte sich wieder breitmachen.

Auch wenn sie das schmutzigste Wasser trinken müssen, sind Soldaten an der Front oft genug immun gegen Verdauungsprobleme. Mehr als einmal aß ich während des letzten Weltkriegs in China alten Reis, der im Fluß gewaschen war, ohne irgendwelche Beschwerden danach zu haben. Wenn man aber solche Dinge unter normalen Umständen macht, wird man sehr schnell krank.

Marathonläufer zum Beispiel sind der Einheit von Geist und Körper sehr nahe, wenn sie der Ziellinie zustreben, denn sie lassen ihr KI fließen. Wenn der Lauf jedoch vorbei ist, halten sie diesen Fluß oft an, und Geist und Körper trennen sich dann so gründlich, daß sie umfallen und nicht mehr in der Lage sind, aufzustehen.

Jeder erkennt den riesigen Unterschied zwischen dem Zustand der Einheit von Geist und Körper und dem ihrer Trennung. Warum finden dann aber so wenige Menschen diese Einheit? Weil sie, mag der Zustand der Einheit von Geist und Körper sie auch noch so beeindrucken und wichtig für sie sein, glauben, sie seien dazu nicht in der Lage.

Der Geist hat weder Farbe noch Form, noch Grenzen. Der Körper hat Substanz und ist begrenzt. Derart verschiedene Dinge zu einer Einheit zu führen, erscheint unmöglich, und dies ganz besonders im Alltag. Ängste und Schwierigkeiten an allen Ecken und Enden scheinen uns von unserem Ziel abzuhalten. „Gott oder Buddha hätte so handeln können", so meint der Durchschnittsmensch, „aber ich doch nicht!“

Jedoch die Vereinigung von Geist und Körper ist nicht so schwer. Es erscheint zwar so, weil die Menschen nicht davon abzubringen sind, über beide in völlig verschiedenen Begriffskategorien zu denken. Beide entstammen jedoch dem KI des Universums und sind ursprünglich eins. Warum sollte es also schwer sein, zwei Dinge zu vereinen, die im Grunde dasselbe sind?

Lassen Sie Ihren Geist ruhig werden

Im normalen, ruhigen Zustand ist die Oberfläche des Wassers glatt. Füllen Sie Wasser in einen Bottich, und es wird ruhig bleiben, solange Sie es nicht stören. Wenn Sie nun an die Gezeiten und Stürme denken, die das Meer aufwühlen, und so auf die abwegige Idee kommen, der normale Zustand seien die Wellen und Wogen und Ihre Hand hineintauchen, um es zu beruhigen, dann wird einsichtigerweise das Gegenteil von dem eintreten, was Sie erwarten: das Wasser wird unruhig.

Wie ist es nun mit dem Geist? Das Gehirn gibt ständig elektromagnetische Wellen ab, die man Gehirnwellen nennt. Diese Wellen werden so lange produziert, wie das Gehirn am Leben ist. Wenn Sie von der Annahme ausgehen, Ihr Geist sei unruhig, dann können sich die Wellen, auch wenn Sie sich noch so anstrengen, nicht beruhigen. Denn die Anweisung an das Gehirn, sich zu beruhigen, erzeugt ja gerade wieder neue Wellen. Und wenn Sie denken, Sie seien vollkommen ruhig, so erzeugt auch dieser Gedanke Wellen. . .

Sie können Geist und Körper nicht vereinen und nicht eins werden mit dem KI des Universums, wenn Sie Ihre Gehirnwellen ständig mit Gedanken stören.

Zuerst müssen Sie entscheiden, daß der Geist in seinem tiefsten Wesen Ruhe ist. Denken Sie sich eine Welle. Beruhigen Sie die Schwingung um die Hälfte. Setzen Sie diesen Prozeß bis ins Unendliche fort, und die Welle wird unendlich ruhig. Beachten Sie jedoch, daß sie niemals Null wird. Das KI des Universums findet sich auf dem unendlichen, nie beendeten Weg zur Null. Wenn Sie die Reise der Welle zur Null anhalten, verliert sie ihre dynamische Bewegung – und wird Null. Das ist tote Ruhe. Lebendige Ruhe hingegen ist unendlich dynamisch und enthält unendliche Energie. Tote Ruhe ist ohne Lebenskraft und enthält keine Energie. Die beiden sind vollkommen verschieden.

Belassen Sie Ihren Geist auf diesem Weg zur unendlichen Kleinheit. Das ist wahre, lebendige Ruhe und die Einheit von Geist und Körper.

Erörterungen sind einfach. Was viel mehr zählt, ist immer, wie man es macht. Es ist heutzutage nicht mehr möglich, sich für zehn oder zwanzig Jahre zur Meditation in die Berge zurückzuziehen. Zudem ist eine Geist/Körperübung, die im Alltag nicht anwendbar ist, nutzlos.

Durch lebenslange übergreifende Übung und Erfahrung bin ich nun zu vier grundlegenden Prinzipien gelangt, von denen ich glaube, daß sie jeden befähigen können, auch im Alltag Geist und Körper zu vereinen.

Die Vier Grundprinzipien

Diese Prinzipien sind:
(1) Den Einen Punkt halten
(2) Sich vollkommen entspannen
(3) Das Gewicht unten halten
(4) KI fließen lassen

(1) Den Einen Punkt halten

In meiner Studienzeit übte ich mich unter einem Priester in Kyoto eifrig im Zen. Ich versuchte, Geist und Körper zu jeder Zeit und überall, in der Schule wie in der Bahn, in Einheit zu halten.

Man lehrte mich dort als grundlegend: „Strecke die Wirbelsäule, halte Nase und Nabel in einer Linie, desgleichen Ohren und Schulter, und sitze wie ein Felsen.“ Diese Art zu sitzen mag würdevoll erscheinen, doch sie ist nicht richtig. Ich saß lange auf diese Weise, ohne mich jedoch jemals wirklich stabil dabei zu fühlen. Nachdem ich einmal in dieser Haltung eingeschlafen war und wieder aufwachte, fühlte ich mich plötzlich sehr stabil. Ich konnte jedoch lange nicht sagen, warum.

Es ist schwierig, die Lehrweise eines alten Priesters zu ändern, aber es ist nicht richtig, Kraft in den Unterbauch zu legen. Daher wage ich stattdessen zu sagen: „Halte den Einen Punkt im Unterbauch.“

Auch wenn viele noch immer meinen, den Unterbauch anspannen zu müssen, muß man dennoch sagen: Der Unterbauch ist nicht der Ort, an dem man seine Kraft konzentriert, sondern seinen Geist. Wenn Sie den Einen Punkt im Unterbauch bewahren, konzentriert sich der Geist automatisch auf des sogenannte „Dritte Auge“

(*tentei*), dem Einen Punkt auf der Stirn. Die alte Zen-Anweisung sollte also besser lauten: „Halte den *tentei* und den Einen Punkt im Unterbauch in einer Linie.“

Manch einer wird das nicht glauben wollen, ohne es ausprobiert zu haben. Versuchen wir es also.

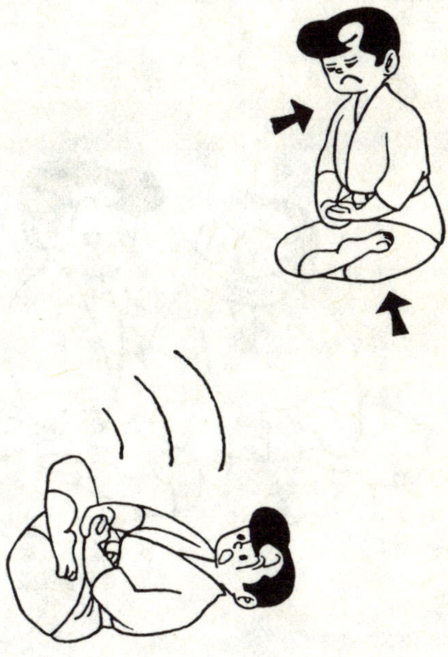

Übung 1
A sitzt aufrecht und hält Nase und Nabel in einer Linie, Ohren und Schulter ebenso. B drückt A's Brust oder Schulter mit der Hand oder hebt A's Knie hoch. A fällt leicht nach hinten.

Geist und Körper kann man vergleichen mit einer Hand und ihrem Bild im Spiegel. Wenn die Hand offen ist, ist das Bild im Spiegel auch eine offene Hand. Haben Sie also einen unbewegten Geist, so müßten Sie auch einen unbewegten Körper haben. Wenn Sie auf einen leichten Druck hin schon umfallen, bewegt sich Ihr Geist. Er ist also nicht ruhig.

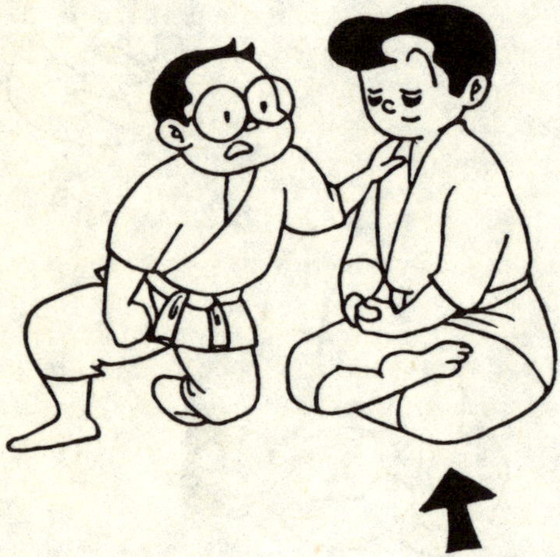

Übung 2
A sitzt aufrecht. Er hält den Punkt tentei und den Einen Punkt im Unterbauch in einer Linie und konzentriert seinen Geist im Einen Punkt, wenn B drückt wie zuvor. Nun sitzt A unbeweglich.

Dies ist der Zustand der Einheit von Geist und Körper, wie er in der lebendigen Ruhe entsteht. Im folgenden möchte ich Ihnen nun erklären, wie Sie Ihre Konzentration noch gründlicher auf den Einen Punkt richten können. Auf den Nabel kann man sich nämlich leicht konzentrieren, aber beim Einen Punkt eine handbreit tiefer wird es schwieriger, weil es dort keine solche Markierung gibt. Und es wäre ja nutzlos, den Einen Punkt zu lehren, wenn man ihn so leicht wieder verliert.

Das Universum ist ein unendlicher Raum mit unendlichem Radius. Wenn Sie einen Schritt nach rechts machen, so wird das Universum in dieser Richtung durchaus nicht um einen Schritt kürzer. Daher kann man getrost sagen: Wo immer Sie sich befinden, Sie sind immer das Zentrum dieses unendlichen Raumes. Wenn man diesen Raum, das Universum, in Gedanken zusammenzieht, wird es zum Einen Punkt im Unterbauch. Dieser Punkt hat keinen bestimmten Radius, vielmehr muß man ihn durch ständiges Halbieren unendlich klein werden lassen.

Wenn er die Grenze erreicht, wo er so klein wird, daß man ihn nicht mehr wahrnehmen kann, so belassen Sie ihn trotzdem in Ihren Gedanken, und lassen Sie ihn, wie er ist. In diesem Moment sind Sie eins geworden mit dem Universum. Wenn Sie Ihren Geist entgleiten lassen, werden Sie schwach und fallen selbst auf leichten Druck nach hinten um.

Das ist die Bedeutung des alten Zen-Spruchs: „Denke etwas, das nicht gedacht werden kann." Wenn Sie den Einen Punkt so klein werden lassen, daß Sie ihn sich nicht mehr vorstellen können, wird Ihr Geist unendlich ruhig. Wenn Sie eins sind mit dem Unviersum, werden

Sie auf ganz natürliche Weise unbeweglich. Dies ist das erste Prinzip der Vereinigung von Geist und Körper. Versuchen Sie es selbst.

(2) Sich vollkommen entspannen

Neuere medizinische Untersuchungen zeigen, daß 70 bis 80 % aller Krankheiten auf Schwierigkeiten im Nervensystem zurückzuführen sind. Die Ärzte raten also ihren Patienten, sich zu entspannen, werden aber selbst Opfer von Magengeschwüren und anderen Krankheiten, die von nervösen Spannungen herrühren. Und wie leicht kann es passieren, daß etwa beim Golfspiel im entscheidenden Moment die Anspannung alles zunichte macht. . .

Aber warum ist die Entspannung solch ein ungeheures Problem? Der Grund liegt in der weitverbreiteten falschen Ansicht darüber, was wahre Entspannung wirklich ist. Man hält sie nämlich für einen schönen, aber schwachen Zustand und verfällt so bei einem unerwarteten Ereignis sofort wieder in Anspannung. Man ist sich dabei aber nicht bewußt, daß wahre Entspannung der stärkstmögliche Zustand ist.

Übung 3
A steht aufrecht, sammelt seinen Geist im Einen Punkt und entspannt sich vollkommen. B faßt A's Handgelenk mit einer Hand und versucht, es in Richtung Schulter nach oben zu drücken. Solange A den Einen Punkt bewahrt, steht er stabil, und B kann ihn nicht bewegen.

Das ist wahre Entspannung. Den Einen Punkt zu bewahren und sich vollkommen zu entspannen, ist einander vollkommen gleichwertig. Man kann beides nicht voneinander trennen.

Übung 4
A entspannt sich, konzentriert jedoch seinen Geist auf den Scheitel. Äußerlich sieht er genauso aus wie zuvor. Wenn B aber jetzt A's Handgelenk nach oben drückt, kann er ihn leicht bewegen.

Dies ist keine Entspannung, sondern Erschlaffung. Entspannung ist der stärkste Zustand, Erschlaffung der schwächste. Das Problem liegt nur darin, daß beide fast gleich aussehen, und das ist auch der Grund dafür, daß das wahre Wesen der Entspannung so häufig mißverstanden wird. Große Menschen blieben in Notsituationen immer ruhig und entspannt, und die Fähigkeit für diese wahre Entspannung haben sie sowohl durch Training als auch durch die Versuch-Irrtum-Methode, also Erfahrung, erworben.

Es ist auch für Sie nicht zu spät, es zu lernen. Wenn Sie den Einen Punkt halten und wahrhaft entspannt bleiben, kann solche Größe auch zu Ihrem Besitz werden.

(3) Das Gewicht unten halten

Das Gewicht aller Dinge ist auf natürliche Weise nach unten gerichtet. Auch beim menschlichen Körper ist das nur dann anders, wenn er angespannt ist. Wenn Sie in Ruhe sind, wird das Gewicht aller Teile Ihres Körpers nach unten weisen. Weil die Leute diese ganz einfache Tatsache vergessen, können sie nicht ruhig sein. Aber Ruhe ist der natürliche Zustand des Menschen.

Übung 5
A streckt einen Arm nach vorn, entspannt sich und denkt das Gewicht des Armes an dessen Unterseite. B versucht, A's Arm anzuheben, aber dieser ist schwer wie ein Stein.

Da der Geist den Körper lenkt, spiegelt sich seine Tätigkeit im Körper. Wenn Sie also denken, das Gewicht Ihres Arms weist nach unten, dann wird dies auch so sein, und der Arm läßt sich nicht anheben.

Übung 6
A konzentriert seinen Geist auf die obere Seite des Armes. B kann ihn nun ohne Schwierigkeiten anheben.

Wenn Sie denken, das Gewicht Ihres Körpers zeigt nach oben, so folgt der Körper natürlicherweise diesem Gedanken. Wollen Sie in einer schwierigen Situation ruhig werden, so verlassen Sie sich nicht auf die Götter! Sagen Sie sich: „Das Gewicht aller Dinge weist nach unten. Mein Körper macht da keine Ausnahme. Wenn ich nichts tue und mich entspanne, werde ich auf ganz natürliche Weise ruhig.“ Mit diesem Selbstvertrauen können Sie sich leicht ruhig machen. Wenn Sie dies beständig üben, wird sich auch Ihr Unterbewußtsein allmählich ändern, und die Entspannung kommt von selbst und ohne Anstrengung auf Sie zu. Das zweite und dritte Prinzip sind ein und dasselbe.

(4) KI fließen lassen

Ein Mensch mit schwachem KI hat kein Selbstvertrauen. Er zögert vor jeder neuen Unternehmung und führt sie daher auch schlecht aus. Wollen Sie ein kraftvolles, positives Leben führen, so ist das erste, was Sie zu tun haben, Ihr KI stark zu machen.

Es gibt nur eine Art von KI. Was wir „starkes“ KI nennen, ist einfach KI, das stark nach außen strömt. „Schwaches“ KI ist schwach strömendes KI.

Übung 7
A streckt einen Arm nach vorn und spannt ihn an, um ihn unbeugbar zu machen. B versucht mit beiden Händen, A's Arm zur Schulter hin zu beugen. Wenn er A kraftmäßig auch nur annähernd gleichkommt, wird er dabei keine Schwierigkeiten haben.

Die am weitesten verbreitete Ansicht ist die, ein angespannter Arm sei ein starker Arm. Angesichts solcher Erfahrungen wird der ganze Eindruck, den all die Mr. Universum mit ihren zur Schau gestellten Muskelpaketen schinden, doch etwas fragwürdig.

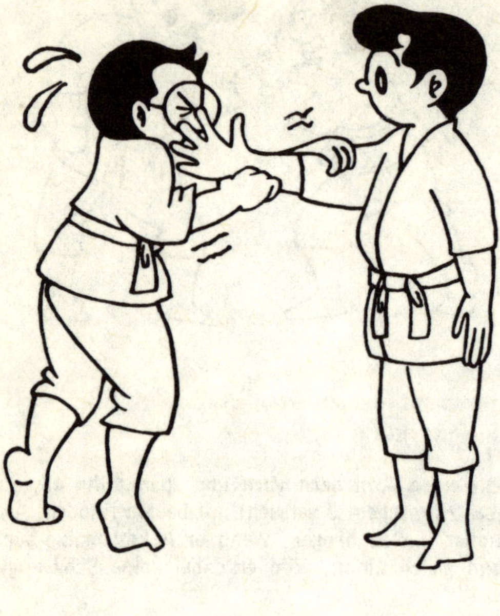

Übung 8

A streckt den Arm wie zuvor und entspannt sich vollkommen. Er konzentriert sich auf den Gedanken, daß die Kraft seines Geistes durch seinen Arm strömt und durch die Fingerspitzen hindurch in den unendlichen Raum. B versucht, den Arm zu beugen, jedoch ohne Erfolg.

Das ist ein Beispiel für das Fließenlassen von KI. Dazu ist es notwendig, daß man auch glaubt, es zu tun. Mit anderen Worten, Sie müssen Ihren Geist positiv gebrauchen.

Töne bewegen sich fort, das Licht genauso. Es gibt überhaupt keinen Grund, warum Ihre geistige Kraft sich nicht auch fortbewegen sollte. Wenn Sie es glauben, fließt KI, wie Wasser mit vollem Druck durch einen Feuerwehrschlauch strömt. Dieser Gedanke mag Ihnen nur deshalb fremd erscheinen, weil Ki unsichtbar ist.

Die Beziehungen zwischen den Grundprinzipien

Die Prinzipien der Vereinigung von Geist und Körper zählen zwar vier, aber es ist nicht nötig, sich auf alle vier gleichzeitig zu konzentrieren. Jemand könnte zweifeln: „Ich kann nicht meinen Geist gleichzeitig unendlich weit weg schicken und mich auf den Einen Punkt im Unterbauch konzentrieren. Ich kann nur einmal denken.“ Damit hätte er natürlich recht. Es ist unmöglich, zwei sich widersprechende Handlungen gleichzeitig auszuführen. Niemand kann stehen, während er liegt.

So verschieden sie jedoch erscheinen, verweisen die Vier Prinzipien auf die gleiche Sache. Wenn Sie eines befolgen, so befolgen Sie zugleich alle anderen. Verlieren Sie eines, so verlieren Sie zugleich alle anderen. Grob gesagt beziehen sich das erste und vierte Prinzip auf den Geist und das zweite und dritte auf den Körper. Da aber Geist und Körper letztlich eins sind, handeln die Vier Prinzipien von der gleichen Sache.

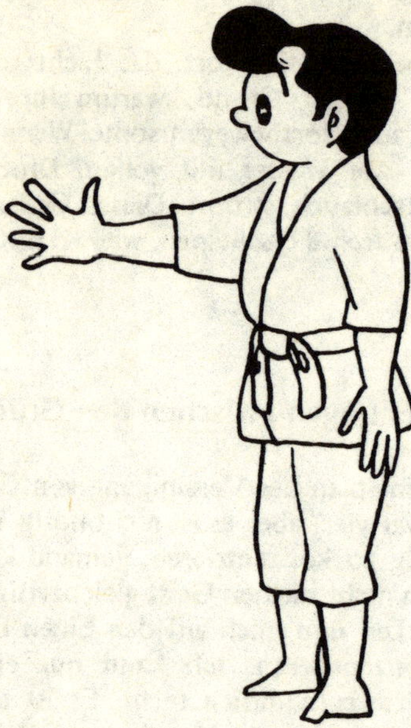

Übung 9
A steht mit ausgestrecktem Arm und denkt das Gewicht des Armes nach unten gerichtet. Damit erfüllt er das dritte Prinzip. Versucht B, den Arm zu beugen, scheitert er, da auch Prinzip 4 erfüllt ist. Drückt er an A's Schulter, bewegt dieser sich nicht. Also ist auch Prinzip 1 erfüllt. Hält A das Gewicht unten, ist er auch entspannt, was das 2. Prinzip erfüllt. D.h., mit dem dritten Prinzip werden gleichzeitig auch die anderen beachtet.

Übung 10
A denkt das Gewicht seines Armes nach oben gerichtet und mißachtet damit das dritte Prinzip. Nun kann B A's Arm leicht beugen und ihn aus dem Gleichgewicht bringen. D.h., wenn ein Prinzip nicht befolgt wird, werden die anderen drei automatisch auch nicht befolgt.

Wenn Sie durch die Anwendung des ersten Prinzips Geist und Körper nicht in Einheit bringen können, so versuchen Sie eines der anderen drei. Wenn ein geistbezogenes Prinzip nicht zum Erfolg führt, so nehmen Sie ein körperbezogenes. Wenn der Weg des Körpers nur schwache Wirkung zeigt, so benutzen Sie den des Geistes. In jedem Fall werden Sie in der Lage sein, zumindest eines der Vier Prinzipien zur Vereinigung von Geist und Körper zu gebrauchen.

So wird der Weg frei für das, was schon immer als das Schwierigste galt: die Einheit von Geist und Körper im Alltag zu verwirklichen.

Kapitel 3
WIE ICH KI FAND : EINE KURZE BESCHREIBUNG MEINES LEBENS

Mein ganzes Leben habe ich dem geistig-körperlichen Training gewidmet, und ich habe vor, bis zum Ende meines Lebens so weiterzumachen. Das Universum ist unendlich und unbegrenzt. Nirgendwo ist ein Punkt, an dem man sagen kann: „Jetzt bin ich zufrieden mit mir." Es gibt Berge noch und noch. Je mehr man über ein bestimmtes Gebiet weiß, umso mehr sieht man von dem, was es noch alles zu wissen gibt. Und die größte Freude ist die, das Leben ganz und gar zu genießen.

Ich bin gerade dabei zu versuchen, die Arbeit der KI-Gesellschaft in ganz Japan und im Ausland zu verbreiten. Es gibt jetzt schon etwa 80 Übungszentren in den USA und Europa.

Ich möchte nun an dieser Stelle zunächst ein wenig von mir selbst berichten und Ihnen erklären, wie ich das grundlegende Wissen um KI erwarb und wie ich dazu kam, es weiterzugeben.

Ein schwächliches Kind im Haus des Gouverneurs

Mein Elternhaus liegt in Tochigi, etwa 100 Kilometer nördlich von Tokyo. Da mein Vater die Keio-Universität absolvierte und später in einer Bank in Tokyo arbeitete, wurde ich im Bezirk Shitaya in Tokyo geboren.

In der Feudalzeit hatten meine Vorfahren immer das Amt des Gouverneurs inne. Das Landgut der Familie umfaßt über 250 Morgen mit uralten Bäumen, von denen einer sogar über 1000 Jahre alt ist. Das Haus wird von japanischen Zedern und einem Wall umgeben. Es ist eine der letzten beiden Gouverneursresidenzen, die in Tochigi noch stehen.

Mein Großvater, Kin'ichiro, bewirtschaftete riesige Felder und erhielt eine Auszeichnung des Landwirtschaftsministers. Später wurde er Geschäftsmann in Utsunomiya, wurde dort Leiter einer Zeitung und einer Bank, sowie einer Regierungsbehörde. Außerdem war er einflußreiches Mitglied einer großen politischen Partei.

Seine Situation änderte sich jedoch schlagartig, als die Bank pleite machte. Mit hohen Schulden setzte er sich sehr bald zur Ruhe und baute ein großes Haus in Utsunomiya, wo er den Rest seines Lebens in großer Behaglichkeit verbrachte. Meine Eltern jedoch wurden aus Tokyo zurückgerufen, um das Gut – samt der Schulden – zu übernehmen.

Es war ein großer Schock für sie, das ganze Land verpfändet vorzufinden. Mein Vater war wütend und wollte das gesamte restliche Familieneigentum verkaufen und sich mit der Familie in der Mandschurei ansiedeln. Da sein älterer Bruder im Russisch-Japanischen Krieg gefallen war, kam mein Vater nämlich in die Position des Familienvorstands. Jedoch meine Mutter verhinderte den Umzug in die Mandschurei. Auch sie kam aus einer alteingesessenen Familie und war fest entschlossen, die Familie Tohei zusammenzuhalten. Schließlich willigte mein Vater ein.

Dank der Anstrengungen meiner Mutter waren die Schulden vollständig abbezahlt, als ich nach dem

Zweiten Weltkrieg aus China zurückkam.

Meine Eltern zogen ein paar Jahre nach dem Ersten Weltkrieg mit mir nach Tochigi. Im gleichen Jahr ereignete sich ein schweres Erdbeben in Tokyo, das so stark war, daß wir, hundert Kilometer entfernt, im Wohnzimmer nicht laufen konnten. Meine Mutter schlang die Arme um meine Schwester und mich und zog uns schützend zu Boden wie eine Henne ihre Küken. Ich war damals zwar erst drei Jahre alt, aber ich kann mich noch ganz deutlich an den roten Himmel in der Richtung von Tokyo erinnern, wo mein Vater zu dieser Zeit war; aber er konnte dem Feuer entkommen.

Als ich geboren wurde, hatte meine Mutter eine schwere Lungenentzündung und war dem Tode nahe. Als Folge davon war ich von Geburt an schwächlich. Wann immer eine Krankheit die Runde machte – ich war der erste, der sie bekam. In der Volksschule war ich oft krank, und meine Mutter war sehr empfindlich, was meine Gesundheit betraf. Wenn ich einmal hustete, hieß es sogleich: „Du hast bestimmt eine Erkältung. Heute gehst du nicht in die Schule." So wurde ich immer schwächer.

Meine Schwester war zwei Jahre jünger als ich und sehr kräftig und gesund. Die Leute meinten oft, es wäre wohl besser gewesen, ich wäre ein Mädchen geworden und sie ein Junge. Wer mich heute kennt, kann das kaum glauben.

Eines Tages im Winter, als mein Vater und ich zusammen badeten, stellte er fest, ich hätte zu viele Kleider an. Er zog mich aus und schüttete kaltes Wasser über meinen Kopf. Dann verbot er mir, mehr als zwei Lagen Kleidung zu tragen. Seitdem habe ich mich nicht mehr erkältet. Es scheint mir tatsächlich so zu sein:

wenn man sich einmal zu viele Kleider anzieht, zieht man immer noch mehr an und wird auf diese Weise immer schwächer.

Judotraining und Rippenfellentzündung

Mein Vater begann mich im Judo zu unterrichten, als ich neun Jahre alt war. Er hatte den vierten Dan und war im Judoclub der Keio-Universität nicht der schlechteste gewesen. Zu der Zeit leitete er eine Landwirtschaftsschule, die er später dem Staat übergab und heute eine Landwirtschaftshochschule ist. Nach dem Krieg kam der Kaiser persönlich in die Schule und dankte ihm für seine Arbeit, ein Ereignis, das mein Vater sein Leben lang nicht vergessen hat.

Er gab den Schülern der Schule Judounterricht, und so trainierte ich mit neun Jahren zusammen mit Schülern, die ein paar Jahre älter waren als ich. Anfangs wurde ich immer geworfen, doch nach und nach wurde ich stärker. Ich wurde gesünder und ging in die Utsunomiya-Oberschule und den dortigen Judoclub. Selten blieb ich der Schule fern und stärkte mein KI immer mehr.

Damals machten die Schüler die Aufnahmeprüfung für die Hochschule nach fünf Jahren Oberschule; ich durfte sie aber schon nach vier Jahren machen und bestand sie glücklicherweise. So konnte ich den Spuren meines Uronkels, Onkels und Vaters folgen, die alle die Keio-Universität absolviert hatten.

Ich ging also nach Tokyo. Kurz nachdem der Unterricht begonnen hatte, wurde ein Judoturnier veranstaltet. Zwei meiner Freunde und ich wurden Sieger, und wir wurden in den Judoclub aufgenommen.

Dies war der Beginn einer Reihe von Ereignissen, die den Lauf meines Lebens verändern sollten. Während der Frühlingstrainingsperiode wurde ich von einem größeren Partner geworfen und schlug mit der linken Brust hart auf die Matte auf. In diesem Moment tat es nicht besonders weh. Am Abend jedoch hatte ich eine Stunde lang heftige Schmerzen, die dann zwar abklangen, aber am nächsten Abend wiederkamen und jeden Abend aufs neue. Nach etwa einer Woche machte mein Vater einen Besuch in Tokyo, und ich erzählte ihm, was passiert war. Sofort fuhr er mit mir ins Keio-Krankenhaus in Yotsuya. Der Arzt diagnostizierte meinen Fall als Rippenfellentzündung, und ich mußte im Krankenhaus bleiben. Siebzehn Tage blieb ich dort. Der Chefarzt der Inneren Abteilung, Dr. Matano, der als einer der besten auf seinem Gebiet galt, untersuchte mich. Ich fragte ihn, wann ich wieder Judo machen könne.

„Überhaupt nicht mehr", meinte er. „Ihre Zeit im Judo ist vorbei."

„Und Tennis?" (Ich hatte mal ein bißchen Tennis an der Oberschule gespielt.)

„Auch kein Tennis mehr."

„Ping-Pong?"

„Nichts mit Ping-Pong. Ihr Körper ist wie eine angeknackste Teeschale. Der nächste Stoß ist das Ende. Beschränken Sie sich auf kurze Spaziergänge. Vermeiden Sie jeden Stoß auf den Brustkorb. Heben Sie Ihren linken Arm nicht zu hoch, und reden Sie leise."

Ich war deprimiert.

Irrtümlich für tot gehalten...

Es wurde entschieden, daß ich nach Tochigi zurückkehren sollte. Das war ein guter Platz, um sich auszuruhen, und es gab dort viel Grün und frische Luft. Aber mein KI wurde schwach. Aufgrund meiner damaligen Erfahrungen sage ich immer, daß man durchaus einmal körperlich krank werden kann, daß dies aber nie auf den Geist übergreifen darf. Weil es mir verboten war, laut zu reden, sprach ich immer ganz leise. Das bewirkte, daß ich mein KI zurückzog. Wenn ich spazierenging und über ein kleines Steinchen stolperte, begann ich mir immer Sorgen darüber zu machen, ob meine Brust vielleicht einen zu großen Schock davongetragen haben könnte, und ich eilte nach Hause, um meine Temperatur zu messen.

Meine Eltern machten sich Sorgen wegen meiner Zerbrechlichkeit und beschlossen, mich an die Küste nach Oarai Kaigan in Ibaragi, der Nachbarprovinz von Tochigi, zu schicken. Nach einem Monat bekam ich plötzlich 40 Grad Fieber. Ein Arzt aus Mito untersuchte mich und stellte fest, daß ich einen Rückfall erlitten hatte. Nach drei Tagen Bettruhe und mit Medikamenten ging die Temperatur auf 38 Grad zurück. Dann fuhr man mich nach Hause. Ich lag auf einem notdürftigen Bett hinten im Wagen.

Auf dem Weg passierten wir ein doppeltes Spalier von Volksschülern mit der Nationalflagge in der Hand, die sich verbeugten, als wir vorbeifuhren. Das verwirrte mich zunächst, aber sobald ich merkte, was da vor sich ging, wurde ich blaß. Der Krieg in China hatte begonnen, und sie warteten auf die verbrannten Überreste der Gefallenen. Man verwechselte mich mit einem Toten...

Das Jahr Pause, das ich nun an der Hochschule einlegen mußte, war für mich sehr bedeutungsvoll. Es veränderte mein Leben vollkommen. Die unruhigen Tage im Bett ließen mich zu der Überzeugung gelangen, daß ich auf diese Weise nicht mein ganzes Leben verbringen könne. Nach zwei Monaten ging es mir so gut, daß ich sitzen konnte. Ich begann, Bücher über geistig-körperliche Übungen, Meditation und Religion zu lesen. Ich las die Schriften alter chinesischer Weiser wie Konfuzius und Menzius, sowie die Biographien großer Männer der Welt. Besonders beeindruckt war ich aber von einem anderen chinesischen Werk, dem *Saikontan*, und ich las dieses Buch so oft, daß ich es fast auswendig kannte. Nach und nach reifte in mir der Entschluß, nun auch selbst zu üben.

Nach einem Jahr Pause kam ich in die Hochschule zurück. Eines Tages brachte mir meine Schwester ein Buch mit dem Titel „Worte meines Lehrers", das sie in einem Buchladen in Kanda gefunden hatte, und sie dachte, es würde mir gefallen. Es handelte vom Leben und der Lehre des berühmten Schwertmeisters und Staatsmanns Yamaoka Tesshu und war verfaßt von einem seiner Schüler, Tetsuju Ogura. Das Buch handelte vornehmlich von seiner beharrlichen Übung asketischer Praktiken. Besonders beeindruckte mich die Beschreibung seines Trainings im Shunfukan-Dojo. Am Ende des Buches befand sich ein Hinweis darauf, daß sich in Nakano am Rand von Tokyo ein Dojo namens Ichikukai befand, wo Tetsuju Ogura und andere Lehrer Übungen leiteten, wie sie in diesem Buch beschrieben waren. Sofort entschloß ich mich, es zu versuchen und mich der Gruppe anzuschließen. Ich wußte sehr wohl, daß meine Mutter es nicht erlauben würde, wenn sie von meinem

Vorhaben gewußt hätte. Also ging ich am nächsten Tag heimlich hin.

Im Ichikukai

Als ich ins Dojo kam, begrüßte mich Frau Michie Hino, die Frau des damaligen Dojoleiters Tesso Hino. Verglichen mit den kräftigen Männern, mit denen sie sonst zu tun hatte, hielt sie mich für einen zerbrechlichen Knaben. Ich erzählte ihr von meiner Krankheit und meinem Wunsch, mitzuüben. „Nein, das geht nicht", sagte sie ohne Zögern. „Du würdest so laut als möglich brüllen müssen, und man würde dir beim Training auf den Rücken schlagen. Jemand, der Rippenfellentzündung hat, würde das nicht überleben. Und überhaupt halten das die Jungen von der Keio nicht aus." Aber ich bestand darauf, im Dojo üben zu dürfen. In diesem Moment kam Herr Hino dazu und meinte, ich könne wohl erst mal mit Zazen anfangen und dann, wenn ich stärker geworden sein würde, könne ich zu *misogi*, dem Training, an dem ich eigentlich interessiert war, übergehen.

Josei Ota, der Leiter des Tempels Daitokuji in Kyoto, leitete drei Mal im Monat Zazen-Stunden im Dojo. Die Leute, die *misogi* lernten, nahmen Zazen sehr ernst, daher unterrichtete der alte Meister gern im Ichikukai.

Das Sitzen begann um sechs Uhr abends, dann folgte ein Vortrag von sieben bis acht. Der Meister war körperlich gut gebaut. Er sah uns mit großen Augen an und meinte: „Ihr werdet nichts verstehen."

Er hatte recht. Ich habe nie einen seiner Vorträge

verstanden.

Nach einem halben Jahr Zazen hatte ich meine Gesundheit und mein KI wiederhergestellt. Ich konnte eine ganze Nacht Zazen aushalten. Im August 1937 bekam ich dann die Erlaubnis, *misogi* zu beginnen. *Misogi* ist eine Atemmethode, die aus der Shinto-Religion stammt. Während der Tokugawa-Zeit wurde sie von der Regierung verboten und im Untergrund praktiziert. Meister Tetsuju Ogura hatte Gelegenheit, sie kennenzulernen und dachte, sie könnte nützlich sein, um junge Leute zu schulen. Er lieh sich von Freunden und Verwandten Geld und baute das Dojo, das er im Andenken an Yamaoka Tesshu, der an einem Neunzehnten gestorben war, Ichikukai, „Gemeinschaft des Neunzehnten", nannte.

Später heiratete er eine Künstlerin namens Yuki Mizogame und zog nach Kamakura in den Tempel Kenchoji, Tetsujuan, um. Aber damals unterrichtete er junge Leute in Zen und *misogi*.

Das Training begann jeden Donnerstag um sechs. Die Anfänger (genannt *shogaku*) mußten ihre Schuhe und Brieftasche mit Name, Alter und Adresse versehen und abgeben. Rauchen war während der Übungstage nicht gestattet. Das Abgeben der Brieftasche und der Schuhe sollte bezwecken, daß die Schüler während der Nacht nicht weglaufen konnten. Einmal floh ein *shogaku*, indem er Toilettenslipper anzog und fünf Kilometer von Nakano nach Yotsuya lief.

„Dieses Training hat den Zweck, die Furcht vor dem Tode zu vertreiben. Ihr müßt jeden Atemzug ernsthaft ausführen. Übt nicht halben Herzens und behindert dadurch keinen!" Herr Ogura las dies vor, um unsere Entschlossenheit zu stärken. Dann wurde die bevorstehende Übung durchgesprochen. Um halb neun ging man ins Bett.

Am nächsten Morgen wurden wir von einer Trommel geweckt, wuschen uns und betraten das Dojo mit weißem Hakama (rockähnlicher Hose, wie die Samurai und die Shinto-Priester sie trugen) und Hemd. Die älteren Schüler (*tsudoi*) saßen mit ernstem Gesicht in einer Reihe hinter den *shogaku*, die ebenfalls in einer Reihe saßen. Der Leiter (*osa*) saß rechts, links von ihm zwei Assistenten (*kagura*) mit dem Gesicht zueinander-gewandt. Der Leiter läutete eine Handglocke, die *kagura* stimmten ein. Dann übten alle im Rhythmus der Glocken.

Wir begannen mit unserer Atemübung namens *nagayo no den*. Zuerst rezitierten wir acht Silben: „To-Ho-Ka-Mi-E-Mi-Ta-Me." Daraus wurden dann fünf: „To-Ho-Kami-Emi-Tame", dann zwei: „Tohokami Emitame." Eine oder anderthalb Stunden lang übten wir im Seiza-Sitz so laut, wie wir konnten. Insgesamt übten wir ein Mal vor dem Frühstück, drei Mal am Vormittag, drei Mal am Nachmittag und ein Mal am Abend. Nach den Mahlzeiten durften wir uns eine Stunde lang ausruhen und jeweils zwanzig Minuten zwischen den Übungseinheiten. Die *tsudoi* rezitierten mit und gaben außerdem den *shogaku* Schläge auf den Rücken zur Ermunterung.

Nach einem halben Tag waren wir vollkommen heiser, und es wurde ständig schlimmer, je länger es dauerte. Die Glocken wurden nicht etwa einfach geläutet, sondern mit der rechten Hand hochgehoben und dann senkrecht nach unten zum rechten Knie geschleudert, als wäre die Glocke ein Schwert, mit dem man etwas zerschneidet. Wir durften unser KI nicht schwächer werden lassen. Es war ein Kampf mit dem ganzen Geist und dem ganzen Körper.

Am ersten Abend begann meine Brust zu schmerzen. Es war der gleiche Schmerz, den ich damals am Anfang der Rippenfellentzündung auch gespürt hatte. Immerhin machte ich alles das, was mir der Arzt verboten hatte. Ich dachte, nun hätte ich einen Rückfall erlitten, aber ich konnte nicht weggehen, denn ich hatte versprochen, es nicht zu tun, selbst wenn ich dabei draufgehen sollte. „Also gut", dachte ich, „wenn ich sterben soll, soll ich eben." Ich entschloß mich, weiterzumachen. Nach und nach ließ der Schmerz nach, und ich beendete die drei Trainingstage.

Der Schmerz kam nie wieder. Nach einem Jahr ging ich, nur um sicherzugehen, ins Keio-Krankenhaus zur Untersuchung. Das Röntgenbild bestätigte meine vollkommene Genesung. Normalerweise trägt man die Spuren einer Rippenfellentzündung für den Rest seines Lebens mit sich herum, doch bei mir waren keine zu finden.

Meine Begegnung mit Aikido

Von der zweiten Trainingperiode an war ich selbst *tsudoi*, und es war an mir, die *shogaku* zu schlagen. Das war nicht ganz einfach. Denn die *tsudoi* mußten der Reihe nach die Glocke schwingen, bis ihre Handflächen Blasen hatten, und jemandem mit Blasen an den Händen auf den Rücken zu schlagen, verursacht Schmerzen, die bis in den Kopf ziehen. Die *tsudoi* spürten das mehr als die *shogaku*. Halben Herzens zu schlagen, war nicht möglich. Wenn man die *shogaku* wirklich anfeuern wollte, mußte man stärker ausatmen als sie und dazu noch schlagen. Das war ermüdend. Der einzige Vorteil der *tsudoi* gegenüber den *shogaku* war die höhere Position und das Gefühl, den Anfängern in ihrer Entwicklung zu helfen. Ich leitete das Training ein- oder zweimal im Monat und insgesamt mehr als 60 Mal während meiner Studienjahre, ein Rekord, den seitdem keiner gebrochen hat. Ich versäumte auch nie die monatliche Zazen-Sitzung. Da saß ich dann die ganze Nacht und ging anschließend zur Schule, wo ich natürlich beim Unterricht regelmäßig einschlief. Weil ich aber in guter Haltung und unbeweglich schlief, gaben mir meine Klassenkameraden den Spitznamen „Tenjo Tenga Yuiga Dokuson" – „Ich bin das Zentrum des Universums", eine Redensart, die dem Buddhismus entstammt.

Nach einem Jahr oder so begann ich wieder mit Judo, aber das konnte mich nach Zen und *misogi* nicht mehr so recht befriedigen. Judotechniken basieren nur auf der Bewegung des Körpers und berücksichtigen nicht die Bewegung des Geistes. Manche sind sogar unlogisch. Nach und nach zog ich mich vom Judo zurück. Matsuhei Mori, ein älteres Mitglied des Judoclubs (heute Mitglied im Parlament), kam von einer Arbeit aus China zurück und gab mir ein Empfehlungsschreiben an Meister Morihei Ueshiba.

Sein Dojo in Wakamatsu, Shinjuku, trug ein Schild mit der Aufschrift „Kobu Kai, Aiki Budo, Ueshiba Dojo". Ein im Dojo lebender Schüler namens Matsumoto empfing mich an der Tür und brachte mich ins Dojo. Er sagte mir, Meister Ueshiba sei nicht da, also fragte ich ihn, was Aikido sei. Er meinte, ich solle ihm einmal meine Hand geben. Ich gab ihm meine Linke, und er verdrehte mir auf schmerzvolle Weise das Handgelenk. Es tat weh, aber ich hielt es aus und schaute ihm weiter ins Gesicht.

Vor langer Zeit ging ein Samurai nach Korea und kämpfte dort mit einem Tiger. Der Tiger biß ihm den Arm ab. Der Samurai überließ ihm den Arm, aber zog mit dem anderen ein kurzes Schwert und tötete den Tiger. Ich hatte Matsumoto meine linke Hand gegeben, um meine rechte zu schonen. Er sah meine Reaktion und hörte auf. Ich war enttäuscht, denn am Schüler erkennt man den Lehrer, heißt es.

Ich war gerade auf dem Weg nach draußen, als Meister Ueshiba mit einem seiner Schüler zurückkehrte. Zu der Zeit ließ er sich gerade seinen berühmten weißen Bart wachsen. Er lächelte und war sehr freundlich. Ich zeigte ihm das Empfehlungsschreiben, das ich von Herrn Mori erhalten hatte, dann gab er mir eine Vorführung mit einem Schüler. Der Schüler griff ihn an und wurde mit leichter Hand geworfen. Das sah aus wie Schwindel.

Meister Ueshiba drehte sich zu mir um und meinte: „Zieh' deine Jacke aus und greif' mich selbst an!" Ich versuchte ihn zu fassen, aber das nächste, was ich mitbekam, war, daß ich auf der Matte lag. Ich konnte nicht herausfinden, wie ich dahin gekommen war. Ich habe nicht gespürt, wie Kraft auf irgendeinen Körperteil von mir gewirkt hätte. Ansonsten wäre ich in der Lage gewesen, an eine Verteidigung zu denken, aber ich habe nicht die mindeste Kraft gespürt.

Ich wußte im gleichen Moment, daß dies es war, was ich gesucht hatte. Ich hatte das Glück, als Schüler angenommen zu werden. Am nächsten Morgen begann ich zu üben und versäumte von diesem Tag an nicht eine Stunde.

Am Ende der Stunde übten wir immer eine Technik namens *kokyudosa*:

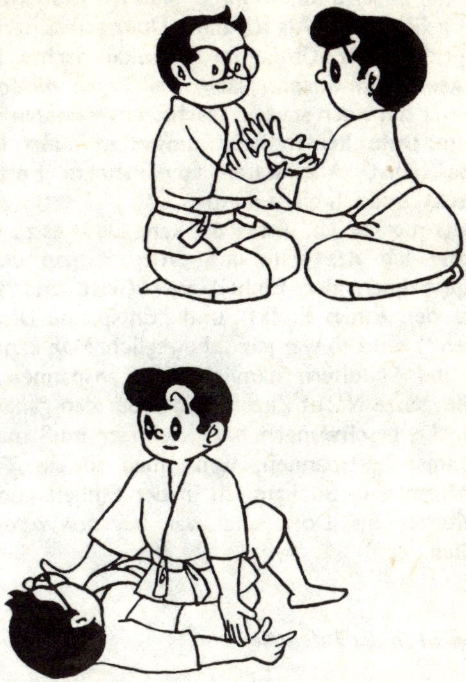

Kokyudosa
A sitzt mit beiden Armen nach vorn gestreckt und hat die Hände geöffnet. B hält A's Handgelenke, und A drückt B nach hinten um, dann hält er ihn fest. Diese Übung wird in seiza ausgeführt, um Hüfte und Atem zu stärken.

Anfangs wußte ich nicht, wie man es macht, und jeder konnte mich leicht werfen. Selbst ein Mittelschüler konnte mich umwerfen. Ich war nicht daran gewöhnt, Techniken in *seiza* auszuführen, weil ich Judo immer im Stehen geübt hatte. Als ich diese Übung aber nach einer Zazen- oder *misogi*-Übung im Ichikukai machte, konnte mich keiner umwerfen. Nach drei Tagen *misogi* oder Zazen war ich noch stärker. Nach sechs Monaten konnte mich im Dojo keiner mehr umwerfen außer Meister Ueshiba selbst. Alle waren von meinem Fortschritt überrascht, und ich nicht minder.

Später merkte ich, woher das kam. Ohne es zu wissen, beachtete ich das erste und dritte Prinzip der Vier Grundprinzipien der Einheit von Geist und Körper („Halte den Einen Punkt“ und „Entspanne Dich vollkommen“), und so war ich unbeweglich. Man kann seine Arme und Schultern nämlich nicht anspannen, wenn man die ganze Nacht Zazen geübt oder den ganzen Tag die Glocke geschwungen hat. Vielmehr muß man sich vollkommen entspannen, wenn man so ein Training durchhalten will. So kam ich in der Einheit von Geist und Körper ins Dojo und war bei *kokyudosa* unbeweglich.

Als Rekrut in der Infantrie

Nach weiteren sechs Monaten begann ich, Meister Ueshiba zu begleiten und ihn auch manchmal im Unterricht zu vertreten. Ich unterrichtete an der Militärpolizeischule in Nakano, einer Privatschule von Shumei Okawa in Meguro, im Matsudaira-Dojo in Sanrizuka, und ich gab Kosaburo Okada, dem Präsident einer großen Firma, Privatunterricht. Ich hatte zwar im Judo den schwarzen Gürtel, aber damals noch keinen Grad in Aiki-Budo, unterrichtete aber Inhaber des dritten oder vierten Dan Aiki-Budo.

1942 eskalierte der Krieg in China. Ich erhielt meinen Abschluß an der Hochschule ein halbes Jahr früher und wurde am ersten Oktober zur Armee eingezogen. Ich kam als Rekrut zur Infantrie in Utsunomiya. Am ersten Tag waren die Unteroffiziere und die anderen Höhergestellten sehr freundlich und behandelten uns zuvorkommend. Das verwirrte uns etwas, da wir von der Armee bisher nur die Vorstellung „rauh und schroff" hatten.

Aber das dauerte nur einen Tag. Dann hieß es plötzlich: „He du, benimm dich gefälligst! Du bist hier kein Gast!" Am zweiten Abend, nachdem die Offiziere zu Bett gegangen waren, begann der Unteroffizier vom Dienst sich für unser Vorleben zu interessieren. Er hatte einen Helfer dabei, der uns der Reihe nach aufweckte. Sie verdeckten eine Glühbirne so, daß man von außen nichts bemerken konnte.

Der Offizier hatte seine Befragung tagsüber schon abgeschlossen, aber das hier war mehr eine Privatangelegenheit. „Störfeuer" nannte man diese „Ausbildung" neuer Rekruten. Sie stellten dumme Fragen, die keiner beantworten konnte, um einen Grund zu haben, uns zu schlagen. Der Mann in der Koje neben mir hieß Yamakawa. Er hatte die Uni mit der finanziellen Unterstützung seiner Verlobten besucht, sofort nach dem Examen geheiratet und ist drei Tage später eingezogen worden.

„Vermißt du deine Frau?", fragten sie.

„Nein", antwortete er in der Annahme, bei einem

Ja geschlagen zu werden.

„Lüg' nicht! Wie kannst du deine Frau drei Tage nach der Hochzeit vergessen? Willst du etwa einen Vorgesetzten belügen?“ Sie schlugen ihn.

„Also gut“, sagte er, „ich vermisse meine Frau.“

„Was?! Wer wird denn so intim mit einem Vorgesetzten sein?“ Sie schlugen ihn wieder.

Ich war als nächster dran. „Gehupft wie gesprungen“, dachte ich mir. „Ich kann antworten, was ich will, sie werden mich schlagen. Ich stelle mich einfach dumm.“ Es ging los.

„Wie heißt du?“, fragte mich der Unteroffizier leise.

„Ich heiße Koichi Tohei“, brüllte ich. Er erschrak, weil er fürchtete, der Offizier einen Stock tiefer könnte es hören. Wenn der nämlich gewußt hätte, was hier vor sich ging, hätten sich die beiden eine schöne Strafe eingehandelt.

„Schrei' nicht so laut. Antworte leise.“

Ich flüsterte: „Ich heiße Koichi Tohei.“

Wo kommst du her?“

Ich brüllte wieder: „Präfektur Tochigi, Hagakun, Ichikaimura, Akabane.“

Der Unteroffizier unterbrach mich mitten im Satz. „Okay“, meinte er, „geh' wieder ins Bett.“

Ich war der einzige, den sie nicht schlugen. Später hörte ich den Helfer sagen: „Ich weiß echt nicht, ob der dumm oder gerissen ist. Ich mag seinen Blick nicht.“

Um sechs Uhr morgens ging es aus dem Bett. Eine Trompete weckte uns. Alles sprang sofort hoch, zog seine Hose an und rannte in den Hof, um sich dort mit einem trockenen Handtuch abzureiben. Als alle fertig waren, kam der Offizier und gab uns den Unterricht für den Tag.

Die Unteroffiziere und Obergefreiten beobachteten immer ganz genau, wer schnell und wer langsam aus dem Bett kam. Wer immer langsam war, wurde wegen Faulheit geschlagen. Das war ein Training, um sich auf den Feindangriff vorzubereiten. Für mich war das jedoch sehr leicht. Im Ichikukai übten wir von morgens bis abends und schliefen erschöpft ein. Aber schon um halb Fünf schlug der Meister am nächsten Morgen „Dong Dong Dong" die Trommel und öffnete die Tür zum Schlafraum. Ich stand immer beim ersten Trommelschlag auf, und so sah der Meister mich nie im Bett. In der Armee war es das gleiche. Ich kam immer als erster in den Hof. So behandelten mich die Vorgesetzten sehr freundlich.

Aber nach einer Weile war Kamerad Seki plötzlich immer vor mir im Hof. Ich fragte mich, wie es möglich sein sollte, schneller zu sein als ich, wo ich doch immer beim ersten Ton aufstand und beim Herunterrennen in den Hof keine Zeit verschwendete. Ich beobachtete ihn. Er wachte fünf Minuten vor dem Wecken auf und ging auf die Toilette, um dort das Zeichen abzuwarten. Wenn man nämlich vor dem Wecken aufstand, wurde man gerügt. Aber keiner konnte einem etwas anhaben, wenn man auf die Toilette ging. Und von der Toilette aus ist man schneller im Hof.

Ich fragte ihn, warum er so erpicht darauf sei, der erste zu sein, und er antwortete mir: „Ich muß erster sein, um die Offiziersschule zu bestehen. Es macht einen großen Unterschied, ob man als Offizier oder als einfacher Soldat in den Krieg zieht." Also ließ ich ihn als ersten nach unten, und er bestand später auch die Prüfung.

Die Unteroffiziere und Obergefreiten lebten mit uns

zusammen und waren immer darauf aus, etwas an uns auszusetzen zu haben. Schuheputzen, Nähen, Gewehrputzen – alles konnten sie besser und stichelten immer: „Ihr kommt zwar von der Uni, aber Dummköpfe seid ihr trotzdem. Ihr könnt absolut garnichts.“ Nun, solche Dinge hatten wir dort ja auch nicht gelernt. Jedenfalls kam ich nach einer Woche oder so dahinter, auf welche Weise sie versuchten, Fehler bei uns zu finden. Ich konnte annehmen, daß wenn sie gestern die Schuhe kontrollierten, heute die Gewehre dran waren. Man mußte einfach noch raffinierter sein als sie. Nur merken durften sie es nicht. . . Sie beneideten uns nämlich, weil wir von der Uni kamen. Und hätten sie gemerkt, daß ich sie austrickste, hätten sie mich wohl ziemlich hart rangenommen. Ich mußte also einfach aussehen wie ein Dummkopf, und so konnten sie mir nie etwas anhaben.

Eines Tages wurden wir in der Handhabung des Bajonetts unterwiesen. Ein Offizier, der sich damit auskannte, unterrichtete uns, aber statt uns zu unterrichten, war er mehr daran interessiert, uns zu besiegen. Da wir alle zum ersten Mal ein Bajonett in der Hand hielten, machte er uns alle nieder. Dann kam ich an die Reihe. Voller Selbstvertrauen sagte er:

„Los geht's! Du kannst mich angreifen, so fest du willst. Denk' ich bin dein Feind.“

„Kann ich wirklich denken, Sie sind mein Feind?“

„Natürlich.“

Ich stieß mit einer ganz langsamen Bewegung zu. Er fegte mein Bajonett zur Seite. Hätte ich es fest gehalten, hätte ich mein Gleichgewicht verloren, so aber hielt ich es ganz locker und blieb stabil, und plötzlich stieß ich es in seinen Körper. Er fiel nach hinten um, und ich stieß einige Male nach. Er war unheimlich erschrocken und rief: „Aufhören, aufhören! Du verletzt mich doch!“ Sofort hörte ich auf, salutierte und sagte: „Zu Befehl! Ich dachte nur, Sie seien ein Feind!“

Die Erfahrungen, die ich in der Infantrie machte, waren zwar hart, aber sehr gut für mich. Man macht in günstigen Situationen nicht viel Fortschritte. Das beste Training ist die Bemühung in schwierigen Situationen. Wenn man sich dumm stellt, kann man andere Leute ganz gut verstehen lernen. Andere mit Macht zu lenken, ist nur Zwang. Keiner läßt das gern mit sich machen. Führen bedeutet, mit richtigen Grundsätzen richtig zu handeln. Seien Sie bescheiden, wenn Sie in der stärkeren Position sind. Fragen Sie keine unzumutbaren Dinge. Respektieren Sie immer Ihren Gegenüber, und denken Sie sich an seine Stelle, dann wird man Ihnen gern folgen. Wenn Sie die Fehler anderer bemerken, so sehen Sie zu, daß Sie nicht die gleichen machen.

Später wurde ich Offizier und zog in den Krieg, aber ich habe nie einen Soldaten geschlagen und nie zugelassen, daß sie andere schlugen. Wenn du nicht willst, daß man dich schlägt, dann schlage auch keinen anderen. Alle meine 80 Soldaten unterstützten mich ausnahmslos und standen mir bei, selbst noch im Chaos der Nachkriegsjahre.

In der Offiziersschule

Dann legte auch ich die Aufnahmeprüfung für die Offiziersschule ab. Ich erhielt die beste Note in unserer Gruppe. Im April 1943 kam ich dann in die Toyohashi-

Reserveoffiziersschule. Die Ausbildung sollte 8 Monate dauern. Diese Schule besaß mit 20 mal 10 Kilometern das größte Übungsgelände Japans.

In jener Zeit hatte die Armee zu wenig Waffen. Daher suchte man diesen Mangel mit Kampfgeist und körperlicher Kraft zu kompensieren. Das Training war also sehr hart. In einem Lied hieß es, die Berge dort glichen Teufeln und die Flüsse bestünden aus Tränen.

Für mich war es jedoch sehr angenehm. Wir wurden nicht unmenschlich behandelt. Ich brauchte mich nicht einmal dumm zu stellen. Ich hatte genug körperliche Kraft und viel KI. Das Training bereitete mir überhaupt keine Mühe.

Der Ausbilder gab uns allen ein Tagebuch. Ich schrieb: „Ich kannte das Lied von den Bergen wie Teufel und den Flüssen aus Tränen und rechnete mit härtestem Training. Jetzt bin ich nur wenig müde und könnte weiterüben bis zum Tode." Wenn man von der Schule ein Tagebuch bekommt, ist es klar, daß die Ausbilder diese später lesen würden. Die anderen schrieben anfangs ernsthaft, aber schon nach kurzer Zeit wurden sie nachlässig und begannen, sich zu beklagen: „Ich bin müde", oder „Ich mag das Essen hier nicht." Ich habe jedoch keinen Tag versäumt, das Tagebuch zu führen und gebrauchte immer die gutgebauten Sätze aus der chinesischen Literatur, besonders des *Saikontan*, das ich so oft gelesen hatte, daß ich es halb auswendig kannte.

Eines Tages waren alle Tagebücher verschwunden. Die Ausbilder hatten sie eingesammelt und sahen sie durch. Alle bekamen Angst. Dann wurden wir in den Versammlungssaal gerufen, und der Chef hielt eine Rede.

„Heute habe ich eure Tagebücher gesehen. Ihr wollt

also Offiziere werden, in deren Händen die Zukunft Japans liegt. Und was sehe ich? Alle beklagen sich! Wie wollt ihr Soldaten in den Krieg führen, wenn ihr so faul seid?"

Eine Stunde lang schimpfte er uns aus. Doch am Ende sagte er: „Eine Ausnahme gibt es allerdings. Er hat viel KI, und seine Sätze erinnern mich an die größten Schriftsteller wie Tokutomi Soho oder Tokutomi Roka. Jemand wie er kann auf der Stelle sein Examen machen. Steh' auf, Tohei!"

Natürlich waren die Sätze sehr gut, denn sie stammten ja aus dem *Saikontan*. Der Chefausbilder war sehr beeindruckt. Sie kamen nicht auf die Idee, daß ich das *Saikontan* auswendig gelernt oder auch nur daraus abgeschrieben haben könnte, denn der Besitz von Büchern war in der Schule nicht erlaubt.

Obwohl der Chef sehr beeindruckt war, waren die jüngeren Ausbilder etwas frustriert, weil ich geschrieben hatte, das Training sei nicht hart genug. Also versuchten sie, mich mit besonders hartem Training fertigzumachen. Umsonst. Ein Training mußte abgebrochen werden, wenn fünf oder sechs Leute umfielen. Und nur mich persönlich zu triezen, hatte ich ihnen keinen Grund geliefert. Sie schauten immer, ob ich nach dem Training müde war oder nicht, aber mein Gesichtsausdruck war immer frisch und lebendig. Schließlich gaben sie den Versuch auf, mich müde zu machen.

Das härteste Training in diesen acht Monaten dauerte drei Tage und drei Nächte. Am Tag wurde ununterbrochen trainiert und in der Nacht marschiert. Geschlafen wurde nicht. Nach drei Tagen folgte dann eine schriftliche Arbeit. Die Frage war sehr leicht, aber keiner konnte sie gut beantworten. Die meisten schliefen sogar beim Essen. Manche konnten nicht einmal mehr ihren Namen schreiben. Diese Übung sollte die Offiziere dazu befähigen, in jeder Situation noch klar zu denken.

In der ersten Nacht hielt ich mich am Schwanz des Pferdes fest und marschierte los. Wir mußten zwar tagsüber trainieren, aber die Pferde durften schlafen und konnten so ohne Schwierigkeiten die ganze Nacht durch laufen. Wenn ich mich also am Schwanz des Pferdes festhielt, konnte ich nie den Weg verfehlen. Und ich konnte beim Laufen leicht schlafen, weil ich beim nächtlichen Zazen auch immer geschlafen hatte.

Andere stießen beim Schlafen an Bäume oder fielen in den Graben. Selbst der Ausbilder fiel öfters vom Pferd. Also begann auch er zu laufen. In der zweiten Nacht fragte er uns, ob einer Lust hätte, auf dem Pferd zu sitzen. Keiner antwortete, denn keiner fällt gern vom Pferd. Weil er selbst viele Male heruntergefallen war, hätte er gerne auch einen von uns herunterfallen gesehen. Ich sagte: „Jawohl. Ich würde gerne sitzen." Ich hatte zwar nie gelernt, wie man reitet, aber ich konnte auf dem Pferd sehr gut schlafen, ohne das Gleichgewicht zu verlieren. Ich hatte sogar einen schönen Traum. Alle anderen marschierten und waren müde, während ich glücklich schlief. Es war wie im Paradies.

In der dritten Nacht erlaubte mir der Ausbilder nicht, auf dem Pferd zu sitzen. Also hielt ich mich wieder an seinem Schwanz fest und lief. Auf diese Weise hatte ich während der ganzen drei Nächte meinen Schlaf. Der Chef meinte später, ich hätte seit Gründung der Schule die erste richtige Antwort in der Arbeit gegeben.

Einmal im Monat hielt der Direktor der Schule, Generalmajor Saburo Nakazawa, einen Vortrag. Diese militärischen Erbauungsreden — „Sterben für das

Vaterland" in einer Tour – waren ausgesprochen langweilig. Alle 1500 Kadetten mußten zu diesem Zweck in einer großen Turnhalle sitzen, und alle waren schläfrig von der Hitze. Die Offiziere vom Dienst jeder einzelnen Kompanie schlugen jedem, der einzuschlafen begann, sofort mit dem Schwert auf den Kopf. Der Direktor sagte nichts dazu. Es war fast unmöglich, bei so vielen wachsamen Augen unbemerkt zu schlafen.

Natürlich mochte ich nicht gern geschlagen werden. Plötzlich sagte der Direktor: „Jeder, der schläfrig ist, darf aufstehen."

Ich stand auf. Sofort spürte ich eine kühle Brise, und meine Benommenheit war wie weggeblasen. Der Direktor beobachtete mich, während er sprach. Ich starrte zurück. Wenn man in der Armee nämlich den Blick abwendet, wird man gerügt. Aber solange man Blickkontakt hält, ist alles in Ordnung. Die anderen Offiziere beobachteten mich ebenfalls. Eine Weile war ich hellwach, aber dann kam die Schläfrigkeit zurück. Ich konnte nichts dafür. Ich schlief ein, wie ich da stand und konnte in dieser aufrechten Haltung schlafen, ohne mich zu bewegen. Keiner der Offiziere schlug mich.

Nach dem zweistündigen Vortrag meinte der Direktor: „Ihr seid alle Feiglinge! Obwohl ich gesagt habe, daß jeder aufstehen kann, wenn er schläfrig ist, hat es nie einer getan. Ihr habt lieber versucht, heimlich zu schlafen und habt euch Schläge eingefangen. Aber heute ist zum ersten Mal ein junger Mann aufgestanden. Das erste Mal, seit ich Direktor bin. Ich bin sehr zufrieden mit ihm."

Ich schlief jedenfalls, soviel ich konnte. Meine Kameraden waren geknickt. „Wenn ich im Stehen schlafen könnte, wäre ich auch aufgestanden“, meinte einer. „Aber wenn ich umgefallen wäre, wäre ich der Dumme gewesen.“

Der Generalinspekteurspreis

Nach der halben Zeit wurden viele unerwartete Tests eingeschoben. Es hieß, es ginge um die Verleihung des Generalinspekteurs-Preises. Nur wenige der 1500 Kadetten können diesen Preis erhalten.

Einer der Kameraden war sehr intelligent und ein netter Bursche. Alle meinten, er würde wahrscheinlich den Preis bekommen. Eines Nachts jedoch schlief er ein, als er Wache stand. Im gleichen Augenblick kam der Ausbilder vorbei, und mit dem Preis war es ein für allemal aus. Auf diese Weise fielen viele gute Leute als Kandidaten weg. Nach und nach versuchten die Ausbilder dann, auch mich auszusieben. Aber ich schlief immer im Stehen, und wenn ein Ausbilder vorbeikam, öffnete ich sofort meine Augen und grüßte. Sie erwischten mich nie schlafend.

Eines Tages kam ein Befehl, daß drei Kadetten umgehend im Zimmer des Chefausbilders zu erscheinen hätten. Ich war einer der drei. Die beiden anderen rannten los. Sie rannten so schnell, daß ich nicht die mindeste Chance hatte, mitzukommen. Also lief ich gemütlich. Als ich in dem Zimmer ankam, standen die beiden anderen schon keuchend vor dem Chef.

„Melde gehorsamst, Tohei“, grüßte ich.

„Du bist zu spät. Die anderen beiden kamen gerannt. Du bist ja nicht einmal im geringsten außer Atem. Du bist faul!“

„Melde gehorsamst, ich soll an der Front kämpfen. Ich erhielt den Befehl, sofort hier zu erscheinen. Ich wußte nicht, welche Instruktionen ich erhalten würde. Wenn ich außer Atem bin, kann ich mich nicht dem Feind stellen. Also kam ich so schnell, wie es mir bei ruhigem Atem möglich war!"

Der Chef grinste und meinte: „Ganz schön schlau. Du hast dich gut 'rausgeredet."

Er öffnete einen Umschlag und legte einen Zettel auf den Tisch, auf dem ein Gedicht geschrieben war:

Im weißen Sand des Strandes
Zwischen den grünen Bäumen
Die Knochen eines Skeletts.

Die Bedeutung war uns klar: mit Freuden sterben...

„Sagt ein Gedicht oder einen Spruch mit der gleichen Bedeutung!"

Der erste antwortete: „Für den Kaiser fallen die jungen Kirschblüten mit Freuden vom Baum, denn das Leben erhält besonderen Wert, wenn es für das Vaterland geopfert wird."

Der zweite wollte das gleiche sagen, aber die Chance war verpaßt, und er wußte kein anderes.

„Nun, Tohei, sag' etwas!"

„Der Blitz zerteilt den Frühlingswind."

Der Chef kannte diesen Ausspruch anscheinend nicht. Er dachte eine Weile nach und meinte dann: „Das ist schon ganz gut, aber sage noch eins."

„In der rechten Sammlung des Geistes kann man selbst im Feuer ruhig bleiben."

Dieses kannte er offenbar. „Sehr gut", meinte er.

Dieser Mann war ein sehr gutmütiger, philosophisch

gesinnter Mensch. Er sagte immer: „Der moderne Krieg ist anders als die Kriege der Samurai. Wenn dich eine Kugel trifft, fressen dich die Hunde. Trifft ein Torpedo das Schiff, fressen dich die Haie. Trifft dich eine Bombe, bleibt nichts übrig von dir. Du stirbst für das Vaterland. Das ist alles." Daher mochte er das Gedicht von den jungen Kirschblüten nicht so sehr. Richtiger Krieg hat wenig mit Blüten gemein. Mein erster Ausspruch stammt von Zen-Meister Sogen, als ein Angreifer ihm den Hals durchschneiden wollte. („Das Universum ist unendlich. Der Mensch und seine Prinzipien sind ursprünglich und letztlich nichts. Ich bin eins mit dem KI des Universums. Ich bin nichts. Dein Schwert ist schon recht gut, aber selbst wenn du mir den Hals abschneidest, wäre das auch nicht mehr als der Blitz, der den Frühlingswind zerteilt.") Der andere war von diesem Ausspruch so beeindruckt, daß er umdrehte und ging.

Mein anderer Spruch stammte von Meister Kegawa, als er im Tempel starb, den die Feinde angezündet hatten. . .

Am Ende der Ausbildung erhielt ich als einziger den Preis. Meine Kameraden meinten: „Das ist kein Generalinspekteurs-Preis, das ist ein Preis für Faulheit und Schlafen!"

An der Front

Im Dezember 1943 kam ich in die alte Einheit zurück. Alle waren überrascht, daß ein Dummkopf wie ich den begehrten Preis erhalten hatte.

Im Februar 1944 schickte man mich dann an die Front in China. Zuerst sollte ich als Militärberater nach

Peking, aber dann änderten sich die Umstände, und ich kam an die Front zwischen Nanking, Kanko, Gakushu, Changsha und Shotaki.

In Shotaki angekommen, kam ein Befehl, ich solle als Ausbilder an die Takahashi-Reserveoffiziersschule nach Japan zurückkehren.

Nun, den Befehl, an die Front zu gehen, konnte man nicht verweigern, aber den Befehl, von der Front nach Japan zurückzukehren, konnte man verweigern. Ich lehnte also mit den Worten ab: „Ich kann nicht in die sichere Heimat zurückkehren, wenn meine Soldaten hier im Feld in Gefahr sind."

Bei der Abfahrt aus Japan hatte ich mir gedacht: „Wer weiß, wieviele Jahre ich auf dem Schlachtfeld bleiben muß. Eine gute Gelegenheit, mein KI zu üben." Ich verstand damals noch nichts von KI und dachte mir, daß ich es vielleicht in äußerster Gefahr lernen könnte zu verstehen.

Ich hatte beschlossen, jeden Tag 200 Mal die Atemübung zu machen. Ein Atemzug dauerte bei mir eine Minute, also bedeuteten 200 Mal mehr als drei Stunden.

In der Armee war natürlich keine Zeit, im Sitzen zu atmen. Also mußte ich sehen, wo ich die Zeit dazu herbekam.

Heimlich in der Nacht verließ das Schiff Japan mit Kurs auf China. Die ganze Zeit hielt eine Wache nach Torpedos Ausschau. Man konnte die Torpedos im Wasser sehen, und wenn der Wachmann eines entdeckte, schlug er Alarm, und das Schiff änderte seinen Kurs, um ihm auszuweichen. Ich weiß nicht, ob es wirklich möglich ist, ihm auszuweichen, aber es war die einzige Chance. Also durfte die Wache seine Augen nicht vom Wasser wenden. Alle 20 Minuten wurde gewechselt, aber schon diese 20 Minuten waren sehr anstrengend.

Plötzlich wurde die See sehr rauh. Alle wurden seekrank, und keiner konnte mehr 20 Minuten stehen. Als Offizier mußte ich zwar nicht Wache schieben, aber ich löste einen Kameraden freiwillig ab: „O.K., ich mach' das für dich."

So stand ich nun da und begann meine Atemübung, während ich aufs Meer schaute. Beim Atmen spürte ich keine Kälte und kam auch nicht aus dem Gleichgewicht. Später kam immer wieder ein Soldat, um mich abzulösen, aber ich lehnte ab: „Noch nicht. Ruh' dich solange aus." Auf diese Weise atmete ich meine 200 Mal für diesen Tag. Alle waren verwundert, und von diesem Tag an zollte mir jeder viel Respekt.

Als das Schiff nach drei Tagesreisen in China ankam, waren wir sehr erleichtert. Bei seiner nächsten Reise wurde das Schiff von einem Torpedo versenkt.

Meist machte ich dann meine Atemübung, wenn wir marschierten. Beim Marschieren ist es natürlich unmöglich, eine Minute für je eine Ein- und Ausatmung zu verwenden. Also konzentrierte ich mich einfach im Unterbauch, hielt den Oberkörper entspannt, atmete durch den Mund so leise wie möglich aus und ebenso durch die Nase wieder ein. Dann hielt ich mein KI im Unterbauch, lief sechs Schritte und begann wieder auszuatmen. Anfangs war es sehr schwierig, so zu atmen, aber ich versuchte es jeden Tag 200 Mal. Später konnte ich es auch beim Laufen ganz leicht. Das war mein Training, aus dem ich später die KI-Atemmethode entwickelte.

Auf unserem Weg von Nanking nach Hanko griffen uns nachts feindliche Truppen an. Es war mein erstes Kampferlebnis. Ich wußte nicht, wo die Kugeln herkamen. Meine Einheit hatte automatische Feuerwaffen, aber die waren in dieser Situation nutzlos. Eine andere Einheit drehte um und kam uns mit Gewehren zu Hilfe. Nachdem der Feind zurückgeschlagen war, schämte ich mich, weil ich Angst gehabt hatte.

Ich hatte Zazen geübt. Ich hatte viele *koan* gelöst und war auf den Tod vorbereitet. Aber diese Erfahrung hatte mir gezeigt, wie unvorbereitet ich in Wirklichkeit war. Ich erkannte den Unterschied zwischen täglichem Leben und wirklichem Kampf. Also setzte ich mich wieder für lange Zeit in Zazen.

Beim Sitzen dachte ich mir: „Wenn das Universum ein Universum der Vernunft ist, wird es mir auch nicht erlauben, vergeblich geübt zu haben. Ich habe dieses Training begonnen, weil ich im Leben eine Aufgabe zu erfüllen habe. Das habe ich bisher noch nicht getan, also werde ich auch noch nicht sterben. Sollte ich aber dennoch sterben müssen, hätte das Universum folgerichtig weder Geist noch Vernunft, und mit einem solchen Universum möchte ich nichts zu tun haben. Dann würde ich es gerne verlassen. Ich überlasse also dem Universum die Entscheidung, ob ich leben oder sterben soll."

Dieser Entschluß erleichterte mich sehr. Dies ist der Zustand wahrer Entspannung, das zweite der Vier Grundprinzipien der Vereinigung von Geist und Körper. Von da an störten mich die Kugeln nicht mehr. Ich sagte meinen Leuten, bevor sie in ein gefährliches Gebiet gingen: „Keine Angst. Schwache Kugeln wie diese treffen uns nicht."

Nicht einer in meiner Einheit wurde bis zu unserer Rückkehr nach Japan nach Beendigung des Krieges verwundet oder getötet. Vage begriff ich: wenn du dich dem Universum auslieferst und dich vollkommen entspannst, bist du mit KI erfüllt, und selbst Gewehrkugeln werden dich meiden.

Durch das Wissen, daß man jede Mühsal des Lebens bewältigen kann, wenn man sich vollkommen entspannt und sich mit KI auffüllt, erlangt man schon eine gewisse Zuversicht und Selbstvertrauen.

Beim Eindringen in Feindgebiet fühlte ich mich unwohl, wenn ich Kraft in den Unterbauch legte, und ich wurde dabei sehr müde. Wenn ich mich andererseits gar nicht um den Unterbauch kümmerte, war ich vor Angst gelähmt. So verstand ich, daß der Unterbauch wohl notwendig ist, aber nicht als Ort, in dem man seine Kraft konzentriert. Schließlich wurde mir bewußt, daß man stattdessen seinen Geist im Unterbauch konzentrieren muß. Diese Konzentration mußte auf einen Punkt gerichtet sein. Ich fand heraus, daß die wirklich effektive Methode die war, meinen Geist auf den Einen Punkt unter dem Nabel zu lenken.

Danach war ich ruhig und entspannt, wo immer und wann immer der Feind angriff, und ich konnte die Situation meistern.

Nachdem ich den Einen Punkt entdeckt hatte, war ich so entspannt, daß ich mich daranmachen konnte, Gedichte zu schreiben. Ich sandte meine Gedichte an meinen Lehrer Hosogai, damit er sie korrigieren sollte. Er hatte in der Universität die gleiche Klasse besucht wie mein Vater, der mich mit ihm bekanntmachte. Er war groß und hager wie ein Kranich und verbrachte sein ganzes Leben als Dichter. Seine Frau stammte aus guter Familie, war aber geistig und körperlich sehr stark. Sie führte ein Restaurant und verdiente den Lebensunterhalt, da ihr Mann als Dichter nicht genug verdiente. Ihre Streitereien waren in der Umgegend sehr berühmt, und sie war immer, auch körperlich, die Siegerin. Oft genug rannte er aus dem Haus und suchte Hilfe in der nahegelegenen Polizeistation. Der Polizist konnte sich ein Grinsen meist nicht verkneifen.

Sein ganzer Charakter und sein ganzes Leben spiegelten sich in seinen Gedichten. Ich besuchte die beiden oft, und sie luden mich zum Abendessen ein.

Hier ist eines meiner Gedichte nach seiner Korrektur:

Im Lager

Der Schnee
Weht gegen die kleine Brücke
Über dem Fluß.
In der Ferne das Gebirge.
Wie Blüten
Der Schnee auf den tausend Bäumen.
Wehmütig denke ich an die schönen Sake-Partys
In der fernen Heimat,
Doch nun trinke ich hier
Allein im fremden Land.

Dann erhielt ich einen Brief meines Vaters, aus dem ich erfuhr, daß mein Lehrer gestorben war. In einem zweiten Brief schrieb er mir dann, der große Dichter Tokutomi Soho habe von mir gehört und angedeutet, er wäre bereit, meine Gedichte anstelle des Verstorbenen zu korrigieren. Mein Vater war davon sehr angetan. Aber ich dachte ein paar Tage nach und schrieb dann zurück: „Es ist mir zwar eine sehr große Ehre, daß ein großer Meister wie Tokutomi Soho bereit ist, meine Gedichte zu korrigieren. Es heißt jedoch, nach dem Tode des Lehrers trägt man drei Jahre lang Schwarz. Nun, mein Lehrer ist gestorben, und ich kann so schnell nicht wechseln, selbst wenn es sich um einen großen Meister wie Tokutomi Soho handelt. Bitte übermittle Tokutomi-Sensei mein tiefes Bedauern hierüber und meinen Dank."

Sogleich ging mein Vater zu Tokutomi und erklärte ihm, warum ich abgelehnt hatte. Tokutomi war sehr beeindruckt und meinte: „Der WEG ist also noch lebendig in diesen Zeiten. Es ist eindrucksvoll, daß jemand auf dem Schlachtfeld so entspannt ist, daß er Gedichte schreiben kann. Aber noch eindrucksvoller ist es, wenn er angesichts des Todes auf dem WEG besteht. Er ist ein wahrer Mensch." Mein nächstes Gedicht wurde also von niemandem korrigiert:

Krieg

Der Mond
Ist hinter dem Berg versunken.
Die Luft ist kalt
In dieser Nacht.
Viele Glühwürmchen fliegen
Im heftigen Wind.
Ich bin schon so weit gelaufen
Und träume von der Heimat.
Wenn ich erwache,
Sehe ich den langen, langen Weg,
Der noch vor mir liegt.

Meine Erfahrungen im Krieg und in der Armee füllen lange Seiten. Ich möchte damit den den Krieg nicht rechtfertigen oder sagen, man müsse ihn erlebt haben. Es war eben nur so, daß meine Jugendzeit die Zeit des Krieges war und ich diese Erfahrung machen mußte.

Jetzt denke ich, daß mir diese Erfahrungen vom Universum gegeben wurden, damit ich die Einheit von Geist und Körper entdecken sollte.

Ich bete ernsthaft für meine vielen Freunde, die durch Kugeln oder Krankheit umgekommen sind.

Was ich aber möchte, ist, daß die Jugend versteht, daß der WEG des Universums in allem zu finden ist und in jedem Alter erfahren werden kann, und daß man sich in jedweden Umständen üben kann.

Als 1945 der Krieg zu Ende war, war ich tief im Innern Chinas. Einen Monat nach Kriegsende wurde ich zurückgerufen und erfuhr, daß Japan den Krieg verloren hatte. In der darauffolgenden Nacht stand ich allein Wache.

Meine Gedichte

Ein wundervoller Vollmond schien in dieser Nacht im frühen Herbst, und es war mir danach, ein Gedicht zu schreiben.

Gefühle im Mondschein

Die Schatten auf dem Feld
Sind klar und dunkel
In diesem Licht des Vollmonds.
Die Geschichte dieser Erde
Sah viele Länder
Blühen und untergehen.
Es ist kalt
In dieser späten Nacht.

Viele Jahre hat mein Land
Großes versucht.
Wir wollten dieses ganze Reich erobern,

Doch nun ist alles vorbei
Wie ein Traum.
Es ist, als weinte der Wind
In den Feldern.

Das Universum ließ uns nicht gewinnen.
Das Haus ist nun zerbrochen.
Wir hatten viel Mut,
Doch fehlt uns die Hilfe des Universums,
Sind wir machtlos.

Gewiß, Aufstieg und Fall
Ist das Gesetz des Universums.
Doch die mutigen Soldaten
Schreien nur mit ihrem Blut
Zum Mond.

Wir mußten erst auf weitere Anweisungen warten. Keiner wußte, wann wir nach Hause gehen durften, daher war es nicht leicht, die Männer unter Kontrolle zu halten. In der Armee zerbröckelte die Autorität. Die Offiziere waren nur dem Namen nach Offiziere, und manche legten gar ihre Verantwortung nieder. Ich war zuständig für 50 eigene Soldaten und 30 eines gefallenen Offiziers. Glücklicherweise gehorchten sie mir alle. Im März 1946 erhielten wir dann die Erlaubnis, in die Heimat zurückzukehren.

Rückkehr

Der Wind des Krieges hat sich gelegt.
Ich stehe allein auf dem Feld,
Und mir wird klar,
Daß ich Glück hatte und noch lebe.
Doch unsere Niederlage

Bereitet meiner Seele Schmerzen.

In dieser klaren, kalten Nacht
Sind selbst die Schatten gefroren.
Ich lese die Briefe aus der Heimat,
Und die Stimme meiner Familie
Macht mich weinen.

Die Bäume in China sind in voller Blüte.
Wie wird es wohl in Japan sein?
Weine nicht, mein Heimatland!
Ich kehre zurück
Und lasse Dich erblühen
Wie zuvor.

Wir gehen heim.
Wir kehren zurück
Ins Land der aufgehenden Sonne,
Wo unsere Brüder auf uns warten.
Ein zweites Mal
Opfern wir uns dem Heimatland
Und heilen seine Wunden.

Im August kamen wir endlich in Japan an. Ich fand meine Eltern gealtert und mit weißen Haaren.

Meine Begegnung mit der Einheit von Geist und Körper

Gleich am ersten Tag begann ich, die Felder zu bestellen. Meine Mutter riet mir zwar, ich solle doch erst mal einen Monat in ein Heilbad zur Kur fahren, aber ich sagte ihr: „Nein, Mutter. Ich habe es ausgehalten, auf dem Boden zu schlafen, weil ich mein KI nicht erschlaffen ließ. Wenn ich es jetzt locker lasse, schade ich mir. Ich arbeite auf dem Feld, um mein KI stark zu halten. Wenn ich mich wieder umgewöhnt habe, habe ich noch genug Zeit, meine Freunde und Verwandten zu besuchen." Nach einer Woche begann ich, Besuche zu machen. Ich wurde überhaupt nicht krank. Später hörte ich, daß einige Soldaten ins Kurbad gefahren und bald gestorben sind, weil sie so ihr KI geschwächt hatten. Wieder einmal erkannte ich, wie wichtig es war, mich mit KI anzufüllen.

Zu der Zeit war Ueshiba-Sensei auf seinem Hof in Iwama-cho in der Provinz Ibaragi und hatte dort ein Dojo. Ich besuchte ihn dort, und er war froh, daß ich heil zurückgekommen war. Dann ging ich ins Ichikukai. Hino-Sensei und seine Frau waren wohlauf, aber Meister Josei Ota und Tetsuju Ogura-Sensei waren kurz vor Kriegsende gestorben. Ich nahm also mein Training in *misogi* und Aikido wieder auf und versorgte den Hof meiner Eltern.

Ich packte mein Fahrrad voll mit Reis und fuhr für etwa eine Woche zum Training nach Iwama. Während meiner Armeezeit hatte ich den fünften Dan bekommen und wurde unmittelbar nach meiner Rückkehr sechter Dan. Ueshiba-Senseis Technik hatte sich weiterentwickelt. Aber es war mir immer noch nicht möglich zu verstehen, warum er seine Techniken so leicht und geschmeidig ausführen konnte und wir, seine Schüler, nicht. Wenn wir die gleiche Technik ausführten, konnten wir einander widerstehen.

Dann wurde ich mit Meister Tempu Nakamura bekanntgemacht, der im Tempel Gokokuji in Tokyo Einheit von Geist und Körper unterrichtete. Er war Spion im Russisch-Japanischen Krieg gewesen, dann hatte er sich tief in den Himalaya zurückgezogen, um dort Yoga zu üben. Nach seiner Rückkehr nach Japan verkündete er in den Straßen, welch große Kraft dem Menschen innewohnt. General Togo, Jugo Sugiura und Mitsuru Toyama waren seine Schüler. Ich schloß mich sofort seiner Gruppe an.

Es war eine Offenbarung, ihn in der ersten Stunde, die ich besuchte, sagen zu hören: „Der Geist lenkt den Körper." „Ja", dachte ich mir. „Ich hatte diese grundlegende Tatsache einfach vergessen. Ueshiba-Sensei führt zuerst den Geist des Angreifers und wirft dann seinen Körper, der so nicht widerstehen kann. Wir versuchen immer, nur den Körper zu bewegen, ohne auch den Geist zu führen. Deshalb können wir einander Widerstand leisten." Als ich seine Bewegungen überdachte, wurde mir alles sehr klar.

Wie aber kann man den Geist eines anderen führen? Bevor man den Geist eines anderen führen will, muß man zuerst seinen eigenen unter Kontrolle haben. Denn wie sollte man den Geist eines anderen lenken können, wenn man seinen eigenen nicht lenken kann? Es ist klar: die Grundlage des Aikido ist die Einheit von Geist und Körper.

In seinem Wesen ist Aikido ein Weg, eins zu werden mit KI. Wenn Sie es aber als Mittel sehen, eins mit dem KI anderer Menschen zu werden, dann mißverstehen Sie die tiefe Bedeutung des Aikido vollkommen, und die Techniken sind nicht wirksam. Aikido ist vielmehr ein Weg, um eins zu werden mit dem KI des Universums. Und um eins zu werden mit dem KI des Universums, müssen Sie zuerst Ihren eigenen Geist und Körper in Einheit bringen. Denn wie wollen Sie eins mit dem Universum werden, wenn Ihr Geist und Körper getrennt sind? Wahres Aikido muß daher auf der Einheit von Geist und Körper beruhen.

Nachdem ich mir dies alles überlegt hatte, prüfte ich alle Aikidotechniken auf die Grundsätze der Einheit von Geist und Körper. Ich stellte fest, daß ich sie allein mit Kraft ausgeführt hatte, aber nachdem ich gelernt hatte, das KI des Angreifers zu führen, konnte ich auch große Männer ohne Kraftanwendung werfen.

Im September 1959 veröffentlichte ich im Alter von 36 Jahren ein Aikidobuch. Meister Tempu Nakamura schrieb das Vorwort dazu:

„Aikido ist heute in Japan sehr bekannt. Es ist wohl die modernste Kampfkunst. Es wurde begründet von meinem alten Freund Morihei Ueshiba, der als bester Kenner der Kampfkunst in Japan bekannt ist.

Alle Techniken des Aikido beruhen auf der Einheit von Geist, KI und Stärke. Jede der Techniken entspricht in seiner Struktur den Grundsätzen des Universums.

Koichi Tohei, der Autor dieses Buches, besitzt den höchsten Grad aller, in die Millionen gehenden Aikidoka. Mehrere Male hat er in den Vereinigten Staaten unterrichtet, und er wurde zum Kommandanten ehrenhalber der Polizei in Hawaii ernannt.

Er hat erkannt, daß die Techniken der Kampfkünste nicht so wichtig sind, daß vielmehr der Geist ihre Grundlage darstellt.

Nach dem Abschluß der Keio-Universität wurde er Mitglied meines Tempukai und übte sich dort in der Lehre von der Einheit von Geist und Körper, wie ich sie begründet habe. Er ist einer meiner besten Schüler."

Tempu Nakamura

Er schenkte mir auch einen handgeschriebenen Spruch:

„Suche nach dem höchsten WEG und folge nicht den

Irrwegen der Gesellschaft. Gehe über die Gesellschaft hinaus und strebe danach, deinen Namen der Nachwelt zu hinterlassen."

Es ist, als hätte er damals schon gewußt, wie ich heute bin. Würde er noch leben, könnte ich ihm sagen, daß ich die Vier Grundprinzipien der Vereinigung von Geist und Körper begründet habe, und dies würde ihm große Freude bereiten.

Jedes Mal, wenn ich unterrichte, habe ich sein Bild vor Augen.

Eine Pleite im Holzkohlegeschäft

Nachdem sich meine Lage als Landwirt etwas beruhigt hatte, wurden auf Befehl der Regierung große Teile des familieneigenen Landes den Pächtern übereignet. Es war klar, daß die Landwirtschaft für mich keine großartige Zukunft bedeuten würde.

Dann kam mein Vater aus Osaka zurück. Er war ganz begeistert von einer Studie Dr. Goro Kanos, des Vorsitzenden eines wissenschaftlichen Forschungsinstituts, dergemäß man aus Zellstoff Holzkohle herstellen könne. Aktivierte Holzkohle benutzt man zur Filterung von Sake und Alkohol. Und in unserer Nähe gab es Unmengen von Sägespänen. Mein Vater war so angetan von Dr. Kanos Idee, daß er gleich daranging, Geld zu sammeln, und Dr. Kano zu uns nach Hause einlud.

Allein, mein Vater war von dem Typ, der sich anfangs schnell für etwas begeistert und der Sache dann bald überdrüssig wird. Einmal hatte er die Idee, eine Schule zu leiten, und er reiste durch ganz Japan, um Landwirte zu unterrichten. Dann übergab er die Schule der Regierung. Während des Krieges begann er, Reiscontainer mit Maschinen herzustellen und war ein Pionier im Nebenerwerbsgeschäft für Bauern. Aber er zog sich aus dem Geschäft zurück, sobald andere eindrangen. Einst besaßen wir viele Tiere – 100 Schweine, 50 Schafe, 2 Ziegen, eine Kuh, ein Pferd, 100 Hühner und 20 000 Karpfen. Aber als das Essen im Krieg knapp wurde, hat er alles verkauft.

Weil sie meinen Vater gut kannte, war meine Mutter gegen diese Geschäftspläne. Nach einigen Diskussionen gab sie jedoch unter der Bedingung nach, daß ich zusammen mit meinem Vater ins Geschäft einsteigen sollte. Als die Sache jedoch schlecht anlief, zog sich mein Vater sogleich zurück und überließ mir alles.

Ich hätte auch normale Holzkohle als aktivierte verkaufen können, aber zu solchen Betrugsgeschäften wollte ich mich nun doch nicht herablassen. Mein Ziel war, die Aktivkohle bester Qualität nach dem Verfahren Dr. Kanos herzustellen. Aber dieses Gespann – ein weltfremder Wissenschaftler und ich – konnten es nicht weit bringen. Ich machte mich daran, einen elektrischen Schmelzofen zu bauen, aber wegen der strengen Beschränkungen der Nachkriegszeit in Bezug auf die Verwendung von Strom konnte ich ihn nicht in Betrieb nehmen. In der Zwischenzeit richtete ich mein Augenmerk auf ein anderes Risikogeschäft und stand bald mit leeren Taschen da. Als wir endlich die Genehmigung hatten, den Ofen zu betreiben, ging mitten in der Produktion der Strom aus, und die Holzkohle war unter Durchschnittsniveau.

Dr. Kano schmiß alles hin und ging nach Osaka zurück. Er ließ an seiner Stelle einen seiner Schüler namens Sueda, einen Absolventen der Universität von Kyoto, zurück.

Herr Sueda und ich arbeiteten in der Fabrik so viel, daß wir sogar dort schliefen. Wir konzentrierten unsere Forschungen auf ein anderes Ofenmodell, das Herr Sueda konstruiert hatte, und schließlich gelang es uns, hochwertige aktivierte Holzkohle herzustellen.

Ein wissenschaftliches Forschungsinstitut in Tokyo erteilte uns den Auftrag, Aktivkohle herzustellen. Wir waren oben.

Also borgte ich mir noch mehr Geld und begann, Holzkohle zu produzieren und nach Tokyo zu schicken. Aber just in dem Moment begann in dem Institut ein Streik.

Hätte ich drei Monate Vorsprung gehabt, so hätte ich die Sache bewältigt. Aber ich hatte ihn nicht. Ich war vollkommen am Ende und konnte unmöglich weitermachen.

Ich hatte gedacht, wenn man anderen vertraut, vertrauen sie einem auch. Aber die Freunde und Arbeiter, denen ich vertraut hatte, verließen mich, als ich sie nicht mehr bezahlen konnte. Nur drei blieben bis zum Ende.

So kam ich schließlich zu dem Schluß: „Geschäftemachen ist nichts für mich. Das ist nicht die Aufgabe, die das Universum mir zugedacht hat. Deshalb fallen mir immer im letzten Moment Steine in den Weg. Ich kann mich mit Leib und Seele geistig-körperlichen Übungen widmen, aber nicht dem Geschäft, mag ich mich auch noch so anstrengen. Ich kann ins Geschäftsleben kein richtiges KI stecken. Also gehorche ich dem Universum und lebe so, wie das Universum es will."

Ich löste die Firma auf. Meine vielen Gläubiger bat

ich, etwas zu warten, bis ich meine Schulden zurückzahlen könne. Irgendwie schaffte ich es auch, alles zu regeln. So ging ich wieder meinem Entschluß gemäß zu Meister Ueshiba in Iwama, um dort zu üben.

Kapitel 4
SO UNTERRICHTE ICH KI IN DER GANZEN WELT

So begann ich, KI zu unterrichten

Ein paar Monate später lernte ich einen Mann namens Fujioka kennen (er ist inzwischen Professor für Japanisch an der Universität von Hawaii), der zu Studienzwecken nach Japan gekommen war. Er befasste sich mit den Japanern der zweiten und dritten Generation in Hawaii, die das Nachkriegsjapan verachteten.

„Ihre Eltern und Großeltern haben ihnen immer erzählt, Japan sei ein schönes Land und die Japaner seien gute Leute", sagte er. „Wenn sie aber nach Japan kommen, sind sie betrübt zu sehen, daß sich die Japaner nur ums Essen kümmern und alle Verhaltensregeln über Bord werfen. Zudem sind die meisten Japaner, die nach Hawaii kommen, Unterhaltungskünstler. Und manchmal hält ein Abgeordneter des Parlaments einen kostenlosen Vortrag über „Japan heute" und bittet das Publikum dann um Spenden. Alle sind enttäuscht. So sollte das nicht weitergehen. Man sollte wirklich gute Dinge aus Japan in Hawaii einführen."

Ich erklärte ihm die Idee, daß der Geist den Körper lenkt und das darauf aufbauende Aikido in Einheit von Geist und Körper. Er war davon so beeindruckt, daß er nach seiner Rückkehr nach Hawaii bemüht war, eine Einladung für mich zu bewerkstelligen. Schließlich erklärte sich das Hawaii Nishi Kai bereit, für mich eine

Reise nach Hawaii zu tragen. Das Hawaii Nishi Kai wurde gegründet von Dr. Katsuzo Nishi, dem Begründer der Nishi-Gesundheitslehre, und hatte auf allen Inseln von Hawaii Anhänger.

Ich traf Dr. Nishi, als er einen Besuch in Japan machte. Ich sah ihn nur fünf Minuten. Er hatte ein sehr freundliches Gesicht, und lächelnd fragte er mich: „Würden Sie gern einmal nach Hawaii kommen?" „Ja, gern", antwortete ich. Dann sprachen wir nur noch ein paar unwichtige Worte. Später in Hawaii hörte ich, daß Dr. Nishi den Leuten dort gesagt hatte, er würde die ganze Verantwortung für meine Reise übernehmen. Er muß mich auf den ersten Blick durchschaut haben. In den folgenden Jahren hat er mir immer wieder gesagt: „Ich bin sehr glücklich, daß Sie diese großartige Arbeit in Hawaii verrichten. Wäre es Ihnen nicht gelungen, hätte ich die gesamte Verantwortung übernommen." Ich bin ihm sehr dankbar.

Ich habe all meine geschäftlichen Aktivitäten aufgegeben und meine ganze Zeit dem Training gewidmet, seit ich mich dafür entschieden hatte, es als meine Lebensaufgabe zu sehen, Aikido im Ausland zu verbreiten. Es war offenkundig, daß die Japaner alles Japanische ablehnten. Wenn aber etwas Japanisches in New York oder Paris gepriesen wurde, kauften sie es, koste es, was es wolle. Daher schien es mir in erster Linie wichtig, Aikido im Ausland bekannt zu machen.

Kurz vor meiner Abreise traf ich Dr. Nishi noch einmal. „Tohei-Sensei", sagte er, „es gibt da ein Problem. Gerade habe ich einen Brief aus Hawaii erhalten, der mir zeigt, daß man dort die wahre Bedeutung der Kampfkunst überhaupt nicht verstanden hat. Sollen wir die Bitte ablehnen?" Ich las den Brief:

„Das Hawaii Nishi Kai möchte eine Übungshalle bauen. Wir haben vor, Wettkämpfe zwischen Tohei-Sensei und Profiringern zu veranstalten, um Geld für den Bau hereinzubekommen. Würden Sie bitte Tohei-Senseis Einverständnis einholen?"

Dr. Nishi wollte ablehnen. Ich dachte darüber nach und meinte dann: „Da ich mich schon entschieden habe zu gehen, werde ich gehen. Aber ich fahre, um das Prinzip des Nicht-Streitens zu lehren. Daher kann ich niemanden zum Kampf herausfordern. Wenn die Leute dort wollen, daß ich mich Profiringern stelle, so sollen sie mich herausfordern. Meister Ueshiba würde mir erlauben, mich zu verteidigen." Dr. Nishi übermittelte meine Antwort nach Hawaii.

Ich verließ Japan im Februar 1953. Einige Leute begleiteten mich zum Schiff nach Yokohama. Mein Onkel Chosan Takamatsu, ein Ex-Konteradmiralszahlmeister, der gern und oft von seinen Erlebnissen in der Mannschaft von Admiral Togo erzählte, war anwesend. Er sagte mir: „In Amerika gibt es Leute, die sind so stark wie Bären. Laß' dich nicht auf einen Kampf mit solchen Leuten ein. Die bringen dich um." Ich antwortete nur höflich: „In Ordnung."

Nach angenehmen acht Tagesreisen kam ich in Hawaii an. Ich stellte mich auf den Gedanken ein, starken Männern gegenüberzustehen. Anders als in Japan würde ich von größeren Männern, als ich es war, angegriffen werden. Das würden ganz neue Erfahrungen sein, aber ich war mir sicher, daß ich mit ihnen fertigwerden würde, solange ich meinen Einen Punkt im Unterbauch bewahren und Geist und Körper in Einheit halten würde.

Ein paar Leute begrüßten mich, als das Schiff einlief. Auf dem Weg ins Yamashiro-Hotel kamen einige Mitglieder des Nishi Kai, um mich zu interviewen. „Die Leute in Hawaii reden offen“, sagten sie mir. „und sie halten mit nichts hinter dem Berg. Sie sagen, was immer ihnen einfällt. Sie verhalten sich vollkommen anders als die Japaner. Behalten Sie das bitte immer im Auge.“ „Schon gut“, meinte ich, „auf dem Schiff hat man mir schon einiges von den Unterschieden erklärt.“

In der Tat kamen offene Fragen. „Sie sind noch jung, nicht wahr?“ Das mußte ich bejahen. Ich war damals 32 Jahre alt. Alle im Raum waren älter. „Sie sind recht klein, nicht wahr?“ Das mußte ich wohl zugeben. „Sind Sie wirklich, was Sie vorgeben zu sein?“ Das überraschte mich nun doch etwas. Sie taten so, als ob ich sie veralbern wollte. Später fand ich heraus, daß sie jemanden von 1,85 m Größe und mit einem weißen Bart erwartet hatten. „Wenn ich nur sage, ich kann es, würden Sie mir es doch nicht glauben. Also besorgen Sie zehn starke Männer, wann immer Sie wollen. Dann bekommen Sie meine Antwort.“

Der Tag, an dem ich mein Versprechen erfüllen mußte, kam. Etwa 30 Leute schauten zu, als mich im Shobukan, einem Judo-Dojo, einige Leute angriffen. Alle waren vierter oder fünfter Dan Judo oder Kendo oder Profiringer. Ich konnte sie alle leicht werfen oder am Boden festhalten. Alle wurden sofort meine Schüler und assistierten mir bei späteren Vorführungen, was mir eine große Hilfe war. Die Nishi-Kai-Mitglieder waren hell begeistert.

Eine Woche später hielt ich einen Demonstrationsvortrag in der Turnhalle der Kawananakowa-Schule. Es war das erste Mal, daß ich vor tausend Leuten sprechen mußte, und ich war etwas unruhig. Ich konzentrierte meinen Geist im Einen Punkt und mußte zu meiner eigenen Überraschung feststellen, daß ich so ruhig wie gewöhnlich blieb. Ich dachte zurück an die Zeit meiner Kindheit, als mich noch das Schimmern eines Glühwürmchens auf dem Friedhof erschreckte, und ich war tief bewegt.

Nach diesem Vortrag sammelte ich mehr und mehr Schüler um mich. Der Wettkampf mit den Profiringern fand aber nie statt. Die Ringer konnten zwar die Judotechniken nachvollziehen und sich auf sie einstellen, aber nicht so bei den Aikidotechniken, denn ich warf den Angreifer immer in dem Moment, wo er mich berührte. So konnten sie nicht herausfinden, ob man sie veralberte oder nicht. Sie kamen zwar oft, um bei Vorführungen zuzuschauen, forderten mich aber nie heraus, denn sie konnten mit meinen Techniken überhaupt nichts anfangen. Nach einiger Zeit war selbst Dr. Kurizaki, der Vizepräsident des Nishi Kai, gegen die Idee eines solchen Kampfes. „Wir sollten nicht versuchen", meinte er, „mit einer derart philosophisch geprägten Kampfkunst Geld zu machen." Das Vorhaben wurde ad acta gelegt.

Dann bat man mich um eine Vorführung in der Civic-Halle im Zentrum der Stadt, wo an jedem Wochenende Profiringkämpfe stattfanden. Nach den ersten beiden Kämpfen gab es vor dem Endkampf eine Pause, in der ich meine Vorführung machen sollte.

Ich bot an, es mit allen aufzunehmen, aber keiner kam. Vielleicht dachten sie, es sei demütigend, so einen kleinen Mann vor Publikum zu verprügeln. Außerdem gab es ja auch kein Geld zu gewinnen. Also stieg Wally Tsutsumi, einer meiner neuesten Schüler, als Partner in den Ring. Die Zuschauer waren zufrieden.

Ich stand mit *dogi* und *hakama* in der Mitte des Rings. Wally schlich um mich herum und wartete auf eine Chance anzugreifen. Die Zuschauer sparten nicht mit ermunternden Zurufen für mich. Als Wally meinen Nacken fassen wollte, flog er auf die Matte. Das Publikum tobte. Ich warf ihn mehr als zehn Mal, bis ihm schwindlig wurde.

Nach dieser Vorführung gaben wir uns die Hände. Ich wollte den Ring gerade verlassen, als der Ansager etwas ins Mikrophon sagte. Daraufhin warf ein hochgewachsener Portugiese seine rote Mütze auf den Boden und stieg herauf. Ich fragte meinen Dolmetscher, was los sei. „Zeigen Sie uns den unbeugbaren Arm", sagte er. „Der Ansager meinte, jeder könne versuchen, ihn zu beugen, und deshalb kam der junge Mann hoch." Man benutzt den unbeugbaren Arm, um die Wirkung des KI-Fließenlassens zu demonstrieren, also des vierten der Vier Grundprinzipien der Vereinigung von Geist und Körper. KI durch den ausgestreckten Arm fließen zu lassen, macht ihn unbeugbar. Niemand hatte je meinen unbeugbaren Arm gebeugt, also willigte ich ein.

Ich streckte meinen rechten Arm aus, und er versuchte mit all seiner Kraft, ihn mit beiden Händen zu beugen. Er lief rot an im Gesicht, während ich immer lächelte. Er muß darüber wütend geworden sein, denn er versuchte dann, mir ein Bein zu stellen und mich dadurch zu Fall zu bringen. Als er jedoch sein linkes Bein anhob, streckte ich den Arm einfach noch etwas mehr, und er fiel rückwärts in die Seile. Das Publikum war ganz aufgeregt und begann zu pfeifen. Wütend verließ er den Ring, kam dann aber zurück und gab mir die Hand. Der Ansager hatte ihm nämlich erklärt, daß das, was ich da gezeigt hatte, „Ki fließen lassen" war.

Nach diesem Vorfall war der Ausdruck „KI fließen lassen“ in ganz Hawaii bekannt. Später erfuhr ich, daß der Ansager angeboten hatte: „Jeder, der Tohei-Senseis Arm beugen kann, bekommt 500 Dollar.“

Im Mai 1953 fand im San Jose State College in Kalifornien die All-Amerikanische Judomeisterschaft statt. Die Teilnehmer kamen aus ganz Amerika, Mexiko und Kanada. Dr. Kurizaki, der nicht nur Vizepräsident des Nishi Kai, sondern auch Präsident der Schwarzgurt-Vereinigung von Hawaii war, und Herr Tsuneo Nakamura begleiteten die vier Teilnehmer aus Hawaii. Dr. Kurizaki schlug vor, im Laufe des Wettkampfs auch Aikido vorzustellen, und man war einverstanden.

In der Halle waren an die 2000 Zuschauer. Zwischen den Kämpfen stellte ich Aikido vor, indem ich mich von drei Judokämpfern angreifen ließ und sie einen nach dem anderen warf. Die Zuschauer waren ziemlich überrascht. Man sah es fast als Wunder, daß ich sie mit Bewegungen werfen konnte, die eher wie Tanzschritte aussahen. Als ich ins Hotel zurückkam, lag dort eine Nachricht eines Reporters: „Ich sah Ihre Vorführung heute zum ersten Mal, und es war herrlich. Aber ich hatte keine Möglichkeit, Photos oder Notizen für einen Artikel zu machen, denn es ging alles so schnell. Könnten Sie bitte morgen nochmal eine Vorführung geben?“

Am nächsten Tag fanden die Endkämpfe statt. Vor dem letzten Kampf gab es eine Pause von 30 Minuten. Wieder führte ich mit drei Judoka vor. Diesmal applaudierte das Publikum laut, als wir angesagt wurden. Als ich nach der Vorführung wieder gehen wollte, hielt mich Dr. Kurizaki an und sagte in Englisch etwas ins Mikrophon. Ein Schrei der Erregung lief durch das

Publikum. Ich bat Dr. Kurizaki um eine Erklärung. Er übersetze mir, was er gesagt hatte: „Einige unter Ihnen mögen vielleicht denken, daß das alles nur Schau war. Jetzt mögen fünf beliebige Judokämpfer Tohei-Sensei zur gleichen Zeit angreifen. Fünf Leute gleichzeitig aus verschiedenen Richtungen. Judoka sind mit Schlägen und Stößen nicht so vertraut, daher wird Tohei-Sensei weder stoßen noch schlagen. Aber die fünf Angreifer dürfen nach Belieben schlagen, stoßen oder beißen."

Als ich nämlich in Hawaii unterrichtet hatte und Dr. Kurizaki sah, daß ich nach jedem Wurf meine Stellung veränderte, fragte er mich: „Wenn beliebig viele Leute Sie angreifen, ist es dann so, als ob nur einer angreifen würde?" Ich bejahte dies. Also holte er sieben Judoka zusammen, alle höher als vierter Dan, und ließ alle zur gleichen Zeit angreifen. Dr. Kurizaki, selbst vierter Dan und mehr als fünfzig Jahre alt, war selbst mit dabei. Ich hatte keine Wahl. Ich konnte nur einfach reagieren, ohne eine Möglichkeit nachzudenken, und fand mich kurze Zeit später inmitten von sieben im Staub liegenden Männern.

Dr. Kurizaki schlug nun das gleiche vor. Ich war ihm zwar dankbar für sein Vertrauen in mich, aber damit hatte er mich schon in eine schwierige Lage gebracht. Nein sagen konnte ich nicht. Zuerst griffen sie mich aus der gleichen Richtung an, und ich war zuversichtlich. Dann bot Dr. Kurizaki Einhalt. „Greift nicht alle aus der gleichen Richtung an", sagte er. „Kommt gleichzeitig aus allen Richtungen, wenn ich das Zeichen gebe." Der Ring der fünf Männer wurde immer kleiner. Ich blieb stehen und hielt den Einen Punkt. Auf sein Zeichen hin griffen alle gleichzeitig an. Ich warf einen nach innen und sprang aus dem Kreis. So ging es dann durch den ganzen Raum, und ich warf sie zwanzig oder dreißig Mal. Plötzlich packte mich ein farbiger Hüne um die Hüfte. Ich drehte mich ganz schnell, und er fiel so hart auf die Matte, daß er eine Weile liegenblieb.

So verebbten die Angriffe von selbst, noch bevor Dr. Kurizaki das Schlußzeichen gab. Keiner sprach mehr von Veralbern oder Schau. Einige Leute standen auf und versammelten sich um mich. Einer sagte: „Als der Schwarze Sie festhielt, so stark er konnte, haben Sie gelächelt. Wie können Sie in einer solchen Lage noch lächeln?" Es war nicht meine Absicht gewesen zu lächeln. „Ich lächle immer, wenn ich in Schwierigkeiten bin", antwortete ich. Auf diese Weise wurde Aikido in Einheit von Geist und Körper in der ganzen Welt bekannt.

In Hawaii

Nach meiner Rückkehr nach Hawaii blieb ich zunächst auf der Hauptinsel Hawaii. Unglücklicherweise hatte ein etwas überbegeistertes älteres Mitglied des Nishi Kai vor meiner Ankunft verbreitet: „Judo ist gar nichts. Leute mit dem vierten oder fünften Dan sind wie Blätter von den Bäumen gefallen." Natürlich waren die Judoanhänger jetzt böse und mir gegenüber nicht gerade positiv eingestellt.

Diese Situation kam völlig überraschend für mich. Ich sagte ihnen: „Der Berg lacht nicht über den Fluß, weil er tief unten ist, und der Fluß schmäht den Berg nicht, weil er unbeweglich ist. Jede Kunst hat ihre Vorzüge. Wir müssen einander respektieren." Aber man wollte nichts davon hören.

Als ich anfing, Aikido zu unterrichten, waren alle meine Schüler alte Männer, Frauen und Kinder. Anscheinend ging das Gerücht um, Aikido sei nur gut für die Schwachen. Nun, daran konnte ich nichts ändern. Mir machte es jedenfalls Spaß, sie zu unterrichten.

Dann gab der Polizeichef von Hilo seinen 25 Leuten die Order, zum Training bei mir zu erscheinen. Um zur Polizei zugelassen zu werden, mußte man mindestens 1,75 m groß sein. Ich war 1,62 m. Ich fühlte mich wie im tiefen Tal, als sie sich um mich sammelten.

Ich begann, mit einem Dolmetscher Aikido zu erklären. Aber keiner hörte zu. Sie standen nur unbeweglich und mit verschränkten Armen da. Mit ihren reich behaarten Körpern sahen sie aus wie Bären (besonders wenn man an die relativ unbehaarten Körper der Japaner gewöhnt ist), und in ihren alten Trainingsanzügen sahen sie eher wie Landstreicher aus. Ihr Verhalten zeigte mir, daß sie nur deshalb hergekommen waren, weil der Chef es angeordnet hatte.

Also mußte ich die Initiative ergreifen und sagte einfach: „Also laßt uns mit dem Training anfangen." Ich ging zu einer Gruppe von vier oder fünf Männern, griff mir einen heraus und warf ihn auf die Matte. Die Überraschung ausnutzend warf ich gleich noch vier andere. Plötzlich hatte keiner mehr die Arme verschränkt. „Stellt Euch in einer Reihe auf!" befahl ich. Ab da paßten alle gut auf und übten fleißig.

Die Japano-Amerikaner, die durchs Fenster zuschauten, waren beglückt darüber, die Polizisten umhergeworfen zu sehen. Einige von ihnen, die im Krieg von der Polizei belästigt worden waren, bemerkten nach der Einführung von Aikido, daß sich die Haltung der Polizisten gegenüber Japano-Amerikanern verbesserte.

In Maui

Auch in Maui gab es ein paar Pannen, und ich kam anfangs nur langsam voran. Aber mit der Unterstützung von Herrn Seiichi Tabata (inzwischen Cheftrainer der KI-Gesellschaft von Hawaii) und seiner Schüler konnte ich einen Kurs einrichten. Dann sprach Herr Shinichi Suzuki (er wurde später Major der Polizei von Maui, ist inzwischen im Ruhestand und Berater der Ki-Gesellschaft von Hawaii und Vorsitzender der Auslandsabteilung im Hauptquartier der KI-Gesellschaft Japans in Tokyo) mit dem Polizeichef, woraufhin alle Polizisten unterhalb des Grades eines Captain zum Aikidounterricht abkommandiert wurden. Am Morgen und am Nachmittag kamen 50 Polizisten. Dies leistete bei der allgemeinen Verbreitung des Aikido auf der Insel unschätzbare Dienste.

Eines Tages passierte beim Unterricht in der Polizeiklasse etwas Interessantes. Damals saß man nicht, wie traditionellerweise üblich, in *seiza* auf den Fersen, um dem Unterricht zuzuhören, sondern stand in einem Kreis um mich herum. Es gab ja so viel zu erklären, daß keine Zeit blieb, dieselbe mit Etikette zu vergeuden. Während ich also sprach, schlich sich ein Polizist namens Morina aus dem Kreis und versuchte, mich von hinten zu schlagen. In dem Moment, wo er ausholte, wirbelte ich herum, griff seine Hand und warf ihn. Er schlug so hart auf dem Boden auf, daß er zuerst nicht mehr aufstehen konnte. Lächelnd bot ich ihm meinen Arm als Hilfe an. Er entschuldigte sich überschwenglich. Die anderen lachten. Einer meinte: „Sie hätten ihn noch fester werfen sollen."

Am Abend versuchte Morina die Sache wiedergutzumachen, indem er mich und Herrn Suzuki zum Essen einlud. Beim Essen fragte mich Herr Suzuki:

„Sensei, können Sie rückwärts schauen?"

„Nein, das kann ich nicht", antwortete ich.

„Aber Sie müssen es können", hakte er nach, „denn in dem Moment, als Morina zuschlagen wollte, haben Sie sich umgedreht und ihn geworfen. So etwas ist nicht möglich, wenn Sie nicht rückwärts schauen können."

„Herr Suzuki, Sie wußten doch von Anfang an, daß Morina etwas vorhatte. Warum haben Sie ihn nicht aufgehalten oder mich gewarnt?"

„Tut mir leid, Sensei", antwortete er. „Ich wollte doch auch gern sehen, was Sie machen." Alle lachten.

Dann erklärte ich: „Am Anfang einer Stunde schaue ich mir immer alle Gesichter an. Ich merke immer, wenn jemand wie Morina etwas im Schilde führt. In jeder Polizeitruppe gibt es vier oder fünf Schelme. Ich lasse sie nie hinter mir stehen, sondern behalte sie immer im Auge. Da Morina sich aus der Gruppe gelöst hatte, wußte ich, daß etwas passieren würde. Er bahnte sich einen Weg durch die anderen hindurch, also schaute ich zurück in der Erwartung, ihn hinter mir zu finden. Da ist überhaupt nichts Geheimnisvolles dran."

Herr Suzuki schien sehr beeindruckt. „Sensei, das ist also 'KI fließen lassen'. Jetzt bin ich überzeugt: das ist zweifellos das Wichtigste für einen Polizisten."

Dann erzählte er mir, daß er in seiner zwanzigjährigen Laufbahn als Polizist schon in einigen gefährlichen Situationen war und sogar einmal angeschossen wurde. Aber er war sich sicher, daß er unverletzt davongekommen wäre, hätte er gewußt, wie man KI fließen läßt.

In Kauai

In Kauai gab ich eine Vorführung in einer Turnhalle. Ein paar Judoka und Wally Tsutsumi, der extra aus Honolulu angereist kam, assistierten mir. Mit von der Partie war ein japano-amerikanischer Polizist namens Matsuda, der eine alte japanische Kampfkunst studiert hatte. Er hätte schon immer gern die Polizei in seiner Kunst unterrichtet und war eifersüchtig auf mich. Seine Angriffe waren oft sehr plötzlich, aber ich konnte ihn immer werfen.

Nach der Vorführung, während die Zuschauer noch klatschten, schlich er sich hinter mich und sprang mir auf den Rücken. Er schlang seine Arme um meinen Hals und seine Beine um meine Schenkel. Sofort nachdem er mich angesprungen hatte, beugte ich mich nach vorn. Normalerweise wäre das genug gewesen, um ihn vornüber zu werfen, aber seine Beine verhinderten dies. Aber sein Kopf war jetzt tiefer als meiner, also stand ich auf und verbeugte mich sofort noch einmal ganz schnell. So landete er mit dem Kopf zuerst auf der Matte und war einen Moment lang bewußtlos. Die Zuschauer applaudierten noch mehr. Danach wurde Herr Matsuda ein besonders zuvorkommender und höflicher Schüler.

In Honolulu

Während einer Vorführung in Honolulu kam ein Judolehrer der Polizei als Zuschauer. Er berichtete dann dem Chef, Dan Ryu, daß Aikido für die Polizei zu gefährlich sei. Aus diesem Grund hielt sich die Polizei von Honolulu dem Aikido fern.

1954 jedoch, kurz vor meiner Abreise aus Honolulu,

entkam ein junger Mann namens Mateas, der zu 60 Jahren Haft verurteilt worden war, mit einem Freund aus dem Gefängnis. Er spielte einfach krank, und auf dem Weg ins Krankenhaus bedrohte er den Wächter mit einem Messer und konnte so leicht entkommen. Es dauerte ein halbes Jahr, ihn wieder einzufangen. In einem Leitartikel der Zeitung Hawaii Hochi hieß es dann: „Im Aikido, wie es hier derzeit von Herrn Koichi Tohei aus Japan gelehrt wird, gibt es Techniken, mit denen ein Verbrecher, der mit einem Messer bewaffnet ist, leicht überwältigt werden kann. Alle Polizisten auf Hawaii, Maui und Kauai erhalten Unterricht von Tohei. Warum nicht auch die Polizei in Honolulu? Hätte Mateas das gleiche auf einer der anderen Inseln versucht, wäre er sofort festgehalten worden."

Der Judolehrer, der dem Polizeichef berichtet hatte, meine Techniken seien gefährlich, wurde gerügt. Als ich 1955 wieder in Hawaii war, nahmen der Polizeichef Ryu und sein Assistent Tarbel Privatstunden bei mir und empfahlen dann allen ihren Leuten, ebenfalls Stunden zu nehmen.

Larry Mehau

Der eifrigste Schüler der Polizei von Honolulu war Larry Mehau. Larry war gebaut wie ein japanischer Sumo-Kämpfer und galt als der stärkste Mann in Hawaii. Er machte Judo und erhielt von Riki Do Zan, einem japanischen Sumoringer, der dann Profiringer wurde, Unterricht in Sumo.

Als ich während meiner ersten Reise nach Honolulu dort unterrichtete, kam er einmal an die Tür des Dojo und starrte uns mit verschränkten Armen an. Er machte den Eindruck, als hielt er das alles für Schau. Ich ignorierte ihn einfach.

Später sagte er zu Riki Do Zan, er halte Aikido für reinen Schwindel. „Nein“, antwortete Riki, „Tohei ist echt. Du bist Polizist, und Aikido ist das allerbeste für Dich. Also geh' hin und lerne, soviel Du kannst.“

Daher bat Larry einen Freund namens Hirata, fünfter Dan Judo, um Vermittlung. Herr Hirata stellte mir Larry vor: „Er ist Schüler von Riki Do Zan.“ Ohne Zögern nahm ich ihn als Schüler an.

Larry fragte sich, ob meine veränderte Einstellung ihm gegenüber daher kam, daß ich Angst vor Riki Do Zan hätte. Beim Üben sah er jedoch bald ein, daß ihn seine Kraft nicht davor bewahrte, geworfen zu werden.

Später gestand er mir seine Verwirrung: „Als Sie mich das erste Mal einfach übersahen und mich dann, als Sie hörten, daß ich Schüler von Riki Do Zan bin, sofort als Schüler annahmen, dachte ich, Sie täten das nur, weil Sie Angst vor Riki Do Zan haben. Aber jetzt sehe ich, daß Sie vor nichts Angst zu haben brauchen. Warum haben Sie Ihre Einstellung nun eigentlich geändert?“

„Bei unserer ersten Begegnung waren Ihre Augen sehr negativ. Sie waren herablassend und unredlich. Daher schien es mir, es sei vollkommen nutzlos, einen solchen Menschen zu unterrichten. Aber als ich hörte, daß Sie Rikis Schüler sind, dachte ich mir, es war vielleicht nur ein schlechter erster Eindruck. Deshalb habe ich Sie angenommen.“

Larry merkte, was ich meinte, und seine Haltung verbesserte sich von da an immer noch mehr. Er mochte mich und folgte mir. Er sah ein, daß er, um wirklich stark zu werden, in das Wesen von KI eindringen müsse, anstatt seine Muskeln zu entwickeln. Weil er körperlich stark war, konnte er bald die Kraft von KI verstehen. Von da an wachte und träumte er nur noch im Bewußtsein von KI, und er gewann die Hawaiianischen Judo- und Sumomeisterschaften.

Als Azumafuji, ein ehemaliger Sumo- und jetzt Profiringer, Hawaii besuchte, traf er in mehreren Wettkämpfen auch auf Larry. Drei Mal hob Larry ihn aus dem Ring. Kokichi Endo, ebenfalls Profiringer und früher Judoka, sah sich unfähig, Larry im Judo zu werfen.

Einige Jahre später kam eine Gruppe Sumoringer aus Hawaii nach Japan. Alle japanischen Amateursumomeister verloren gegen Larry. Dann gab Großmeister Kashiwado den Gästen aus Hawaii Unterricht. Er ließ alle den Versuch machen, ihn wegzudrücken. Mit Leichtigkeit konnte er alle stoppen und aus dem Ring drücken. Größe und Gewicht spielten dabei keine Rolle. Jeder verließ den Ring so schnell, wie er gekommen war. Larry kam als letzter dran. Er strahlte mit seinem ganzen Körper KI aus, und ohne darin nachzulassen, prallte er mit Kashiwado zusammen. Der japanische Meister konnte ihn nicht aufhalten und wurde zurückgeschoben. Seitdem war Larry unter japanischen Sumoringern eine Legende.

Kashiwado sagte zu ihm: „Es gibt keinen, der so stark ist, daß er Ihnen etwas beibringen könnte. Wer hat Sie unterrichtet?“ Larry antwortete: „Tohei-Sensei vom Aikido.“

Geist und Körper beherrschen

Die Leute in Hawaii freuten sich schon sehr, wenn sie einen kleinen Mann wie mich große Hawaiianer werfen sahen. Aber noch berühmter war meine Aussage: „Der Geist steht über der Materie."

Ich sage immer: „Der Geist lenkt den Körper. Und bevor man den Körper führt, muß man zuerst den Geist führen. Der Körper hat Gewicht, der Geist nicht. Wenn Sie den Geist führen, wird der Körper gerne folgen. Um jedoch den Geist eines anderen führen zu können, muß man seinen eigenen Geist nach Belieben führen können."

Einmal bat mich einer meiner Schüler, Herr Yamamoto, einem jungen Mann Privatstunden zu geben. Herr Yamamoto hatte den sechten Dan Judo. Es hieß, er sei der beste Techniker in Hawaii. Er war zwar schon fast 50 Jahre alt, aber immer noch ein begeisterter Schüler. Der junge Mann war Herr Wilson Lau. Er war sehr reich. Ich lehnte ab, denn ich mochte den Gedanken nicht, daß jemand nur deshalb, weil er reich war, speziellen Privatunterricht erhalten sollte. Ich sagte: „Ein junger Mensch sollte mit den anderen zusammen auf normale Art lernen."

Nach ein paar Tagen jedoch kam Herr Yamamoto wieder. Er sagte mir: „Herr Lau ist während des Krieges in Italien gewesen und hat dort eine Augenverletzung davongetragen. Dadurch sieht er die ganze Zeit alles in Bewegung. Er kann weder geradeaus laufen noch bewegungslos stehen. Selbst wenn er die Augen schließt, fängt sein Körper an, sich zu bewegen. Weil er es sich leisten kann, hat er schon viele Ärzte konsultiert, aber keiner hat ihm helfen können. Er hat auch schon an Selbstmord gedacht. Nun hat er aber davon gehört, daß „der Geist über der Materie steht", und er möchte wissen, ob Sie ihm helfen können."

Ich verstand seine Lage und traf ihn im Dojo. Er war chinesischer Abstammung und etwa 28 oder 29 Jahre alt. Beide Augen bewegten sich ständig. Ich verstand sofort, wie er sich fühlen mußte und warum er sich umbringen wollte.

Ich fragte ihn: „Sahen Sie die Dinge sich auch schon bewegen, bevor Sie in Italien waren?“

„Nein, ich sah alles normal und unbewegt.“

„Also wissen Sie, daß die Dinge sich nicht bewegen, obwohl es Ihnen so erscheint, als bewegten sie sich?“

„Ja, das weiß ich.“

„Dann ist es leicht zu heilen. Würde sich der Boden wirklich bewegen, wäre es sehr schwierig zu laufen. Aber in Wirklichkeit bewegt sich der Boden nicht, und wenn Sie sich nicht stören lassen, sollten Sie in der Lage sein, geradeaus laufen. Wenn es zum Beispiel regnet, braucht man beim Autofahren einen Scheibenwischer. Wenn Sie sich von diesem stören lassen und seine Bewegung mit den Augen verfolgen, können Sie dem Weg nicht folgen. Sie würden sich so fühlen, als ob Ihr ganzer Körper und das Auto hin und herschwankten, und es wäre Ihnen nicht mehr möglich, geradeaus zu fahren. Wenn Sie jedoch in die Ferne schauen, stört Sie die Bewegung des Scheibenwischers nicht. Im Moment schauen Sie nur auf den Scheibenwischer. Schauen Sie in die Ferne. Das nennt man KI fließen lassen.“

Dann zeigte ich ihm, wie man den Einen Punkt hält. Dadurch wurde sein Körper sehr stabil. Schon davon war Herr Lau sehr überrascht.

Danach zeigte ich ihm den unbeugbaren Arm: „Denken Sie, Ihre KI-Kraft strömt durch den Arm nach außen.“ Herr Yamamoto versuchte, Lau's Arm zu beugen, doch vergeblich. „Das nennt man 'KI fließen lassen'. Um KI fließen zu lassen, ist es ausreichend, einfach zu glauben, daß KI fließt. Weil der Geist den

Körper lenkt, bewirkt ein ganz kleiner Gedanke riesige Kraft."

Dann ließ ich ihn Ikkyo-undo machen.

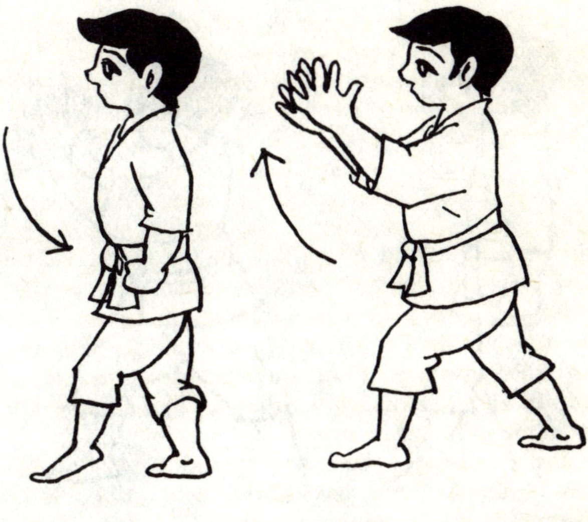

Bei „Eins" bewegen Sie die Hüfte nach vorn und schwingen die Arme nach oben. Bei „Zwei" schwingen Sie die Hände zurück zur Hüfte und bewegen den Körper in die Ausgangsposition.

Anfangs verlor er das Gleichgewicht, wenn er nur die Arme hob. Ich sagte ihm: „Halten Sie den Einen Punkt, wenn Sie die Arme bewegen!“ Von da an stand er sehr stabil, und auch wenn man ihn von hinten drückte, bewegte er sich nicht.

Nachdem er diese Übung einige Male gemacht hatte, zeigte ich ihm Zengo-undo.

Bei „Eins“ schwingen Sie die Arme nach oben, bei „Zwei“ nach unten wie zuvor. Dann drehen Sie sich um und schwingen bei „Drei“ die Arme in die entgegengesetzte Richtung nach oben, bei „Vier“ wieder nach unten. Dann drehen Sie sich in die ursprüngliche Richtung und beginnen von vorn.

Beim Umdrehen fiel Herr Lau zuerst fast zu Boden. Ich stützte ihn und sagte: „Bei (1) und (2) waren Sie stabil, weil Sie KI haben fließen lassen. Sie schauten weit nach vorn und störten sich nicht am Scheibenwischer. Aber beim Umdrehen hat sich nur der Körper bewegt, und der Geist ist geblieben, wo er war. Ich stütze Sie jetzt, also kümmern Sie sich gar nicht um Ihren Körper, sondern lassen Sie Ihren Geist in die jeweilige Richtung nach vorn strömen."

Zuerst stützte ich seine Hüfte, ließ dann aber immer lockerer in dem Maße, wie sein KI in der richtigen Weise zu fließen begann. Als meine Hände ihn kaum noch berührten, konnte er die Übung trotzdem weitermachen, ohne das Gleichgewicht zu verlieren. Dann ließ ich ihn ganz los, und es ging ganz ohne Schwierigkeiten.

Da begann er zu weinen, während er mit der Übung weitermachte. „Ich kann es! Jetzt weiß ich, wie ich mich beherrschen kann." Mit Tränen in den Augen faßte er meine Hände.

So lehrte ich ihn nach und nach alle KI-Übungen und übte mit ihm die Vereinigung von Geist und Körper. Schließlich begann er auch mit Aikido. Schon nach einem Monat fuhr er wieder mit dem Auto und konnte stabil auf einem Bein stehen, auch wenn ihn jemand am ausgestreckten Arm drückte, so fest er konnte.

Seine beiden Onkel waren Ärzte. Sie waren der Ansicht, er würde nie wieder auf einem Bein stehen können. Aber als Herr Lau sie einmal besuchte, stellte er sich auf ein Bein und ließ sie drücken, und er fiel nicht um. Beide meinten, ein Wunder sei geschehen.

Eines Tages half Herr Chao in der Privatstunde. Er hatte den dritten Dan im Judo und war einer meiner ältesten Schüler. Aber er konnte diese Übung, auf einem

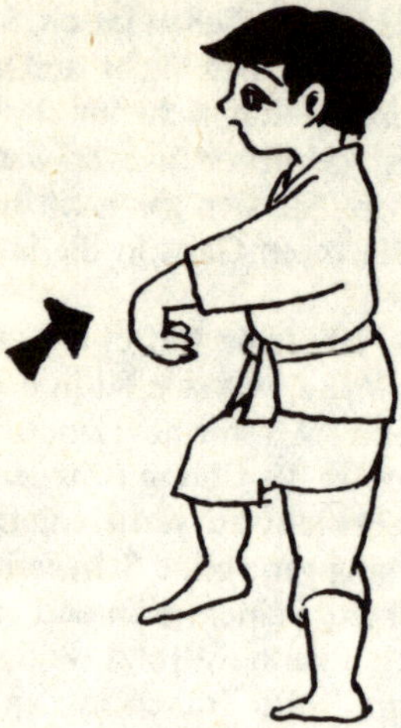

Bein zu stehen, noch nicht, und fiel um, als Herr Lau ihn nur ganz leicht drückte. Herr Lau jedoch konnte stabil stehen, selbst wenn Herr Chao, ein starker Mann, ihn so fest drückte, wie er konnte.

Herr Chao fragte mich: „Sensei, ich übe doch schon viel länger als er. Warum kann er das besser?"

Herr Lau antwortete an meiner Stelle: „Chao, wahrscheinlich ist es so, daß Du nur im Dojo übst und den Einen Punkt vergißt, sobald Du wieder draußen bist. Ich übe den Einen Punkt von morgens bis abends. Wenn ich am Morgen aufwache und den Einen Punkt vergesse, wird mir schwindlig. Also muß ich erst mal den Einen Punkt wiederfinden und kann dann aufstehen. Dasselbe passiert, wenn ich mich schlafenlege. Ich mag tun, was ich will, ich halte immer zuerst den Einen Punkt. So übe ich viel mehr als Du."

Herr Chao war tief beeindruckt.

Später bewegten sich Herrn Laus Augen zwar immer noch, aber er konnte alles genauso gut, wenn nicht sogar besser, als die anderen. Jetzt ist er dankbar für seine Augenverletzung, denn sie hat ihm geholfen, das Leben zu verstehen.

Ich sage immer: „Sie haben das Zentrum des Universums in Ihrem Einen Punkt im Unterbauch. Empfangen Sie alles in diesem Punkt, und tun Sie alles von diesem Punkt aus."

Wer übt das wirklich?

Wenn Sie es glauben und üben, können auch Sie mit nur wenig Anstrengung diese riesige Kraft, die jedem Menschen von Natur aus gegeben ist, sichtbar werden lassen.

Unterricht für Kinder

Alles hat zwei Seiten. Wenn es eine positive Seite gibt, dann gibt es auch eine negative. So hat auch jedes Kind gute und schlechte Seiten.

Wenn es acht gute und zwei schlechte Eigenschaften hat, nennt man es ein gutes Kind. Hat es fünf gute und fünf schlechte Eigenschaften, nennt man es durchschnittlich. Hat es zwei gute und acht schlechte, nennt man es böse. Die acht schlechten Eigenschaften zu entfernen und die zwei guten zu entwickeln, nennt man Erziehung. Wenn man auch die beiden guten entfernt, kann man es nicht Erziehung nennen.

Vor langer Zeit gab es einmal einen Samurai, der mit der Erziehung von Kindern beauftragt war. Er war sehr nett und schimpfte nie. Er fand immer gute Seiten. Beim Unterrichten von Kalligraphie zum Beispiel sagte er immer: „Das ist sehr gut. Wenn du aber dies hier korrigierst, wird es noch viel, viel besser." Einer der Jungen dachte: „Er sagt immer 'Das ist sehr gut'. Mal sehen, was er sagt, wenn ich ganz schlecht schreibe."

Also schrieb er so schlecht er konnte und brachte es dem Samurai. Der sagte: „Das ist sehr gut." Und er fuhr fort: „Aber es wäre noch viel besser, wenn du es gar nicht geschrieben hättest."

Wenn Sie einen Fluß reinigen wollen, müssen Sie zuerst seine Quelle säubern. Die Kinder sind die Quelle der nächsten Generation. Daher müssen wir zuerst die Kinder erziehen.

In Japan gab es ursprünglich keinen Aikido-Unterricht für Kinder, da ein Kind von vier oder fünf Jahren in den Kampfkünsten nichts zu suchen hat. Damit es jedoch Geist und Körper beherrschen kann, muß es möglichst früh darin unterrichtet werden. Wir müssen in ihr Unterbewußtsein gute Saat legen, bevor schlechte eindringen kann.

Also begann ich in Hawaii, auch mit Kindern zu arbeiten. Schon ab drei Jahren war eine Teilnahme möglich. Beim Unterrichten gebrauchte ich immer positive Worte.

Eines Tages kam eine junge Mutter mit ihrem sieben oder acht Jahre alten Sohn. Sie war sehr hübsch, schien aber ein bißchen eitel. Sie bat mich, Ihren Sohn zu unterrichten und meinte: „Ich habe gehört, Sie fänden immer gute Eigenschaften bei den Kindern. Aber mein Junge ist sehr böse. Sie werden kaum etwas Gutes an ihm finden.“ Die Mutter versicherte also, ihr Kind sei sehr böse. Eltern sollten niemals solche Dinge in Gegenwart ihres Kindes sagen. „Ich werde sehen“, antwortete ich.

Er kam in die Stunden, aber hörte mir nicht zu und machte auch bei den Aikidoübungen nicht mit, sondern spielte nur so für sich. Es war in der Tat sehr schwer, etwas Gutes an ihm zu finden.

Nach einer Woche kam seine Mutter wieder. „Sensei, es ist sicher sehr schwer, ihm etwas beizubringen, nicht wahr?“ fragte sie. Ich wandte mich an den Jungen: „Ja, du bist wirklich großartig. Nicht mal ich habe in dieser Woche etwas Gutes an dir finden können.“

Weil ich ihn lobte und großartig nannte, zeigte sein Gesicht Zufriedenheit. Aber ich fügte hinzu: „Aber eines Tages werde ich sicher etwas gefunden haben.“ Er war verblüfft.

Keiner leistet Widerstand, wenn jemand etwas Gutes in ihm sucht. Danach stellte er nichts mehr an und versuchte, gut mitzuüben.

Nach einer weiteren Woche kam seine Mutter wieder. „Sensei, was haben Sie gemacht? Das Kind hat sich ja vollkommen verändert!“

Ich antwortete ihr: „Ihr Sohn war kein schlechtes Kind. Sie haben ihn schlecht gemacht.“ Sie war überrascht, so etwas von mir zu hören, und so besprach ich es ausführlich mit ihr.

Die Mutter war sehr intelligent und gut in der Schule, ihr Sohn jedoch nicht. Auf diese Weise war sie schnell frustriert und nannte ihn einen Dummkopf. Das Kind war sehr verletzt, von seiner eigenen Mutter als Dummkopf bezeichnet zu werden: „Okay, ich bin dumm. Also werde ich auch dumme Sachen machen.“

So begann er, an den Erwachsenen zu zweifeln. Jetzt hatte er jedoch einen Erwachsenen gefunden, der versuchte, gute Eigenschaften zu finden. Jeder mag positive Dinge. Nur denken manche, sie könnten nicht positiv sein.

„Ihr Sohn ist ein guter Junge. Wenn Sie aber denken, er ist schlecht, wie kann er dann gut sein? Sie sehen also, Sie müssen zuerst sich selbst üben, bevor Sie Ihr Kind erziehen." So begann sie auch zu üben. . .

Kinder spielen gern. Wenn ein Kind nicht gern spielt, so ist das kein gutes Zeichen. Aber die meisten Mütter mögen ein liebes Kind, das überhaupt nichts kaputt macht, und deshalb neigen sie gern dazu, viel zu viel zu verbieten: „Laß' dies, tu' jenes nicht!"

Im Dojo lasse ich die Kinder so viel wie möglich spielen. Ich achte nur darauf, daß sie sich nicht verletzen. Selbst ein braves Kind fängt zu spielen an, wenn es mit anderen zusammen ist. Manchmal werden die Kinder aber zu übermütig, und dann sage ich: „So, jetzt setzt euch mal in eine Reihe." Dann setzen sich alle hin, aber weil sie so aufgewühlt sind, sind sie immer noch laut. Dann drücke ich bei jedem einzelnen an der Schulter. Natürlich fallen sie in diesem Zustand leicht um. Nachdem aber fünf oder sechs umgefallen sind, beruhigen die anderen ganz schnell ihren Geist im Einen Punkt und bleiben dadurch stabil. Ich mache bei jedem Kind den Test und sage jedes Mal: „Sehr gut!" Dann werden diejenigen, die am Anfang umgefallen sind, sagen: „Bei mir nochmal, bitte!" Also drücke ich bei allen noch einmal, und keiner fällt mehr um. „Sehr gut! Aber warum sitzt ihr nicht von Anfang an mit dem Einen Punkt?" Alle verstehen, was ich meine.

Das nächste Mal fange ich am anderen Ende an, dann

in der Mitte. Man muß ganz gerecht sein. Später fällt dann gar keiner mehr um.

Mögen die Kinder noch so aufgeregt sein, wenn sie aber ihren Geist auf der Stelle beruhigen können, ist es in Ordnung. Selbst Erwachsene können das nicht.

Einer der Jungen mochte nicht in der Schule lernen. Aber Aikido fand er ganz toll, und sofort nach der Schule rannte er ins Dojo, um allein zu üben.

Eines Tages kam sein Vater zu mir. „Mein Sohn mag Aikido sehr gern, aber in der Schule lernen will er gar nicht. Könnte man ihm nicht beibringen, auch nur ein Zehntel von dem, was er beim Aikido lernt, auch in der Schule zu bringen?"

Ich fragte den Jungen: „Magst du nicht lernen?" „Nein!" „Und was machst du in der Schule, wenn du dem Lehrer nicht zuhörst?" Er dachte nach, aber konnte sich nicht erinnern, was er tat. „Willst du ganz stark werden?" „Klar!" „O.K., dann werde ich dir zeigen, wie du stark wirst." Er war glücklich.

„Wenn du dem Lehrer in der Schule nicht zuhörst, kannst du üben, stark zu sein. Du weißt ja: wenn du den Einen Punkt hälst, kannst du sehr stark werden. Man kann dich nicht einmal umwerfen. Und wenn du diese Haltung eine Minute lang übst, bist du um diese eine Minute stärker. Wenn du zehn Minuten übst, wirst du zehn mal so stark. Und wenn du das jeden Tag eine Stunde lang übst, wirst du sehr, sehr stark. Du brauchst dem Lehrer nicht zuzuhören. Schaue nur in seine Richtung."

„Gut", sagte er, „das mach' ich. Hauptsache, ich muß nicht zuhören."

Nach einem Monat kam der Vater lächelnd wieder. Er erzählte mir, daß man ihn in die Schule gebeten hatte.

Er ging hin, und der Lehrer fragte ihn: „Meinen Sie nicht, Sie erziehen Ihren Sohn zu hart? Das ist sicher nicht gut für ihn." „Ich mache eigentlich überhaupt nichts", antwortete der Vater, „um was geht es denn?" „Ihr Sohn ist plötzlich überaus nett und höflich, und er konzentriert sich auf das, was ich sage. Er hört mir sehr aufmerksam zu und seine Leistungen sind plötzlich viel besser. Er hat sich so sehr verändert, daß ich mich frage, was Sie zu Hause wohl mit ihm anstellen."

Daß er nett und höflich aussah, verwundert nicht, denn er saß ja mit dem Einen Punkt. Er versuchte zwar nicht, dem Lehrer zuzuhören, aber er hatte Geist und Körper vereint, und da sein Blick dem Lehrer zugewandt war, war sein Geist ganz automatisch auch ihm zugewandt. Natürlich war er dadurch sehr aufnahmefähig, und es ist ganz normal, daß er dann gute Noten schrieb. Und weil auch das Kind zufrieden war, wenn es gute Noten bekam und der Lehrer es lobte, bekam es wiederum Lust zu lernen.

Man muß entsprechend den Neigungen lenken.

In Kalifornien

1961 fuhr ich zum vierten Mal nach Hawaii. Viele meiner Schüler hatten damals schon Hawaii verlassen, um in Los Angeles oder San Diego ein Aikido-Dojo zu eröffnen.

Natürlich wollten sie mich auch einladen, und ich nahm dankend an. Aber ich war mir nicht sicher, ob ich auch genügend englische Sprachkenntnisse hätte. Ich hatte zwar viel Englisch gelernt, bevor ich in die Keio-Universität kam, denn in der Aufnahmeprüfung mußte man gute Kenntnisse nachweisen. Aber in der Armee hat man uns dann erzählt, wir sollten die Sprache des Feindes vergessen. Also befolgte ich den Befehl und vergaß alles. Als ich dann zum ersten Mal in Hawaii war, konnte ich so gut wie kein Wort. Zum Glück gab es dort viele Japano-Amerikaner, die beide Sprachen beherrschten und dolmetschen konnten. Aber mit einem Dolmetscher zu unterrichten und vorzuführen, ist nicht besonders bequem. Also beschloß ich, beim zweiten Besuch Englisch zu lernen.

Eine meiner Schülerinnen war Lehrerin und fand sich bereit, mich zu unterrichten. Sie stellte eine Sparbüchse auf und sagte: „Für jedes japanische Wort, das Sie sagen, müssen Sie zehn Cents hineinwerfen.“ Ich war einverstanden. Dann brachte sie ihre Freundinnen an, die mit mir Englisch sprechen sollten. So begann ich schnell, Englisch zu sprechen. Ich mußte zwar viele Münzen in die Büchse werfen, aber bei meiner Abreise kaufte sie mir von dem Geld ein Andenken.

Da in Hawaii viele Japaner und auch viele andere Asiaten leben, spricht man dort Englisch, Japanisch, Philippinisch und die Eingeborenensprache ganz durcheinander. So konnte ich mich zwar in Hawaii verständlich machen, aber für die Staaten fehlte es mir doch etwas an Selbstvertrauen. Ich wollte schon in eine Sprachschule gehen, aber ein amerikanischer Freund riet mir: „Sie sind Japaner, also brauchen Sie gar kein gutes Englisch sprechen zu können. Ihr Englisch ist sehr niedlich, die Hochsprache ist für Sie gar nicht notwendig.“ Also gab ich alle weiteren Bemühungen auf.

In Los Angeles wurde gleich eine Vorführung mit fünfhundert Zuschauern organisiert. Dort machte ich den Fehler, daß ich meinen Schüler zuerst KI erklären ließ. KI zu erklären, ist sehr schwer, und da er selbst noch nicht alles verstanden hatte, begriff natürlich keiner etwas. Keine Reaktion, kein Applaus. Ich löste ihn also ab und meinte: „Ich muß mein Englisch üben."

Dann fing ich an: „Ich komme aus Japan. Japanisch kann ich zwar sehr gut, aber Englisch nicht so besonders." Alle lachten. (In Wirklichkeit ist mein Japanisch gar nicht so gut, da ich den Tochigi-Dialekt spreche.) „Mein Englisch ist nicht so besonders, aber ich versuche, so gut zu erklären, wie ich kann. Bitte hören Sie gut zu." (Viele Zurufe: „O.K., O.K.!")

Ich erklärte mit Händen und Füßen, und natürlich hatte ich damit die Lacher auf meiner Seite. Am Schluß warf ich dann sechs Männer gleichzeitig. Alle waren sehr zufrieden.

Nach der Vorführung sagte eine Frau zu mir: „Sie brauchen nicht zu sagen, Ihr Englisch sei schlecht. Den ersten Mann konnte ich überhaupt nicht verstehen, aber Ihr Englisch habe ich ausgezeichnet verstanden."

Dann ging es nach San Diego. Nach der Vorführung sagte ein Junge: „Ihr Englisch ist phantastisch! Ich habe alles verstanden. Aber als ich mittendrin mal aufs Klo mußte, habe ich versucht, von draußen mitzuhören, aber gar nichts verstanden." Das bedeutet, daß ich mich mit der Universalsprache, den Gesten, gut habe verständlich machen können.

Der Weg des menschlichen Zusammenlebens

Dann begann ich in Los Angeles und San Diego zu unterrichten. Vor dem Aikido-Unterricht lehrte ich immer zuerst, wie man Geist und Körper in Einheit bringt. Denn man kann zwar die Technik sehen, aber KI nicht.

Es wurde zur Gewohnheit, daß man sich nach dem Unterricht bei einem Teilnehmer zu Hause traf und mir beim Tee oder Bier Fragen stellte.

An einem Sonntagabend war ich bei dem Ehepaar Hattori eingeladen. Nach dem Essen schilderten sie mir ihre Probleme. Die beiden hatten aus Liebe geheiratet, aber die Ehe blieb kinderlos, und sie waren nicht besonders glücklich miteinander. Sie stritten zwar nicht direkt, wurden aber ihres Lebens auch nicht so recht froh. Herr Hattori kam dann auf die Idee, sich zu beschäftigen, und begann, im nahegelegenen Tempel Zazen zu üben. Aber trotzdem wurde er immer griesgrämiger. Dann begann er Aikido bei mir und lernte, wie man KI ausstrahlt. So wurde er im Dojo zwar positiv, aber kaum war er wieder zu Hause, war er auch wieder negativ gestimmt. Was war also los mit ihnen?

„Die Menschen sind selbstsüchtig“, sagte ich. „Wenn zwei getrennt sind, wollen sie zusammenkommen, also schauen sie nur auf die guten Seiten des anderen. Wenn sie aber zusammen sind, sehen sie nur noch die schlechten Seiten. Dann wird das Leben öde. Sagen Sie mir nun bitte jeder für sich, was Sie an Ihrem Partner auszusetzen haben. Zuerst Sie, Herr Hattori, was stört Sie an Ihrer Frau?“

Er dachte nach und nannte dann eine ganze Reihe von Einzelheiten. „Jeden Tag bin ich in der Firma. Da gibt es natürlich viele negative Dinge, und daher bin ich manchmal sehr müde. Und wenn ich dann nach Hause komme, schaut meine Frau auch noch unzufrieden, und so fühle ich mich noch müder.“ Frau Hattori fiel ihm sogleich ins Wort: „Nein, das ist nicht wahr. Klar, du bist müde. Aber ich arbeite immerhin auch etwas zu Hause. Ich muß saubermachen und vieles andere. Und dann kommst du nach Hause und tust so, als würdest nur du arbeiten. Das gibt mir das Gefühl, als würdest du mir einen Kübel kaltes Wasser überschütten."

Ich hörte mir beide Seiten bis zum Schluß an und entschied dann: „Herr Hattori, Sie sind schuld."

Seine Frau war glücklich, aber er war gar nicht zufrieden. „Sensei", sagte er, „das ist nicht fair. Sicher habe ich auch schlechte Seiten, aber meine Frau genauso. Warum soll nur ich schuld sein?"

„Ich habe Ihnen schon gelehrt, wie Sie Geist und Körper beherrschen können. Und ich habe Ihnen auch schon gesagt, daß man wohl im Dojo lernt, aber im Alltag übt. Im Dojo lassen Sie Ihr KI heraus und lachen, warum also nicht auch zu Hause? Deshalb sage ich, daß Sie schuld sind."

„Und meine Frau?"

„Ihre Frau hat es noch nicht gelernt. Und wenn sie es nicht weiß, können Sie ihr dafür auch keine Vorwürfe machen."

Herr Hattori verstand. Nachdem ich ihr erklärt hatte, wie sie Geist und Körper in Einheit bringen kann, sagte ich: „Jetzt haben Sie es auch gelernt. Wenn Sie es fortan nicht üben, trifft Sie genausoviel Schuld."

Dann wandte ich mich an den Ehemann: „Wenn Sie künftig Ärger bei der Arbeit haben und nach Hause kommen, so bleiben Sie vor dem Haus stehen, halten den Einen Punkt im Unterbauch und schütteln die Hände, so schnell Sie können, um alle negativen Gedanken abfallen zu lassen. Wenn Sie auf diese Weise entspannt sind, rufen Sie Ihrer Frau entgegen: 'Ich bin wieder da!' Das ist alles. Können Sie das jeden Tag so machen?"

„Ja, das kann ich leicht."

Dann wandte ich mich wieder an seine Frau. „Sie haben gehört: er hat es versprochen. Aber er hat noch nicht ausgelernt. Selbst wenn er versucht, KI fließen zu lassen, Sie aber unzufrieden oder sonstwie negativ schauen, wird er ebenfalls negativ gestimmt werden. Wenn Ihr Mann also nach Hause kommt, so lächeln Sie, und begrüßen Sie ihn fröhlich. Das Wichtige ist, dann zu lächeln und freundliche Worte zu gebrauchen, wenn er nach Hause kommt. Wenn Sie Klagen haben, so reden Sie später darüber. Können Sie das?"

„Ja, ich will's versuchen."

Später begann auch sie mit Aikido, und sie wurden wieder so glücklich wie in den Flitterwochen.

Wenn er nach Hause kam, ließ er KI fließen und sagte: „Ich bin wieder da!", und sie begrüßte ihn ebenso ganz freundlich. So lächelten sie beide gemeinsam. „Soll ich dir Kaffee machen?" „Ich helfe dir beim Abtrocknen." Auf diese Weise konnten sie ihren Alltag leicht bewältigen.

Positives zieht Positives an. Negatives zieht Negatives an. Wenn man einmal negativ gestimmt ist, wird man sehr leicht noch negativer. In diesem Fall muß man sich ein wenig anstrengen, um ins Positive umzuschwenken. Dann bewirkt dieses Positive immer mehr Positives. Glückliches Zusammenleben ist nicht so besonders schwer. Man braucht nur die Richtung ins Positive zu lenken.

Später ließen sich viele Menschen von mir beraten, und man nannte Aikido den „Weg des menschlichen Zusammenlebens".

In New York

1965 kam mein fünfter Besuch in den USA. Auf dem Programm standen Hawaii, Kalifornien, Chicago und New York. Als ich in Manhattan unterrichtete, wurde ich in die Polizeischule von New York eingeladen. Der Chef dieser Schule ist nämlich ein Freund von Dan Ryu, dem Chef der Polizei in Honolulu, und dieser sandte ihm ein Empfehlungsschreiben.

Im Übungsraum waren an die dreihundert Leute versammelt. Sie wußten anscheinend schon ein wenig von Judo und Karate, aber noch nichts von Aikido, und sie waren sehr neugierig. Ich erklärte ihnen Selbstverteidigungs- und Abführtechniken, aber auch etwas über die geistige Haltung eines Polizisten.

Vor allem sollte sich ein Polizist nicht verletzen. Es gibt viele schlechte Menschen und wenig Polizisten. Wenn also ein Polizist leicht verletzbar ist, gibt es bald nicht mehr genügend von ihnen. Man darf sich also nicht sorglos nähern und die rechte Distanz vergessen. Man muß vielmehr KI fließen lassen und die Distanz wahren. Ich erläuterte meine Erklärungen an Beispielen, und alle hörten aufmerksam zu.

Zweitens sollte ein Polizist andere nicht verletzen. Jeder, der einmal seinen Fehler eingesehen und sich geändert hat, ist ein guter Mensch. Es gibt keinen Grund, ihn unnötigerweise zu verletzen. Ich zeigte ihnen also, wie man jemanden festnimmt, ohne ihn zu verletzen.

Und schließlich muß man immer ruhig sein und darf seinen Geist nicht bewegen. Wenn das Wasser ruhig ist, spiegelt es den Mond. Wenn Wellen entstehen, ist die Spiegelung nicht mehr korrekt. Mit einem ruhigen Geist kann man korrekt urteilen. Zu diesem Zweck zeigte ich, wie man den Einen Punkt bewahrt und empfahl, dies besonders auch im täglichen Leben zu üben.

Sie waren mit meinem Unterricht sichtlich zufrieden, und später überreichte man mir ehrenhalber einen amerikanischen Personalausweis.

Einmal machte ich eine Vorführung in Manhattan, als zwei Farbige mich sehr höflich um einen Gefallen baten. Sie kamen aus Brooklyn und kümmerten sich dort um die Kinder, und ich sollte dort etwas zeigen. Ich war einverstanden.

Meine Schüler waren sehr skeptisch und sagten mir, dieser Stadtteil sei sehr gefährlich, aber ich antwortete, daß ich den Weg des Universums lehre.

Der Saal war voll mit farbigen Kindern. Etwa zweihundert im Alter von zehn bis fünfzehn Jahren. Ich begann zu reden, aber niemand hörte zu. Ich dachte, es wäre wohl besser, Techniken zu zeigen, aber das Mikrophon mit der langen Schnur störte. Also legte ich das Mikrophon weg und rief zur letzten Reihe: „Könnt ihr mich hören?“ Sie antworteten: „Ja!“, aber ein Mädchen, etwa zehn Jahre alt, antwortete: „Nein!“ Alles lachte. Ich lachte auch und sagte zu ihr mit lauter Stimme, sodaß es jeder hören konnte: „Du kannst mich also nicht hören. Die in der letzten Reihe können und du nicht. . . Vielleicht ist mit deinen Ohren etwas nicht in Ordnung. Geh' lieber mal zum Arzt!“ Alle klatschten Beifall, und das Mädchen blieb still.

Kinder lassen sich immer von denen führen, die den starken Mann spielen und auffallen. Auch hier gab es so einen, und ich ließ ihn und seine Clique von fünf oder sechs Kindern zu mir heraufkommen. Ich nahm mir zwei Stühle und bat den Jungen, sich auf den Boden zu legen. Zwei andere sollten ihn dann hochheben. In Bauchhöhe

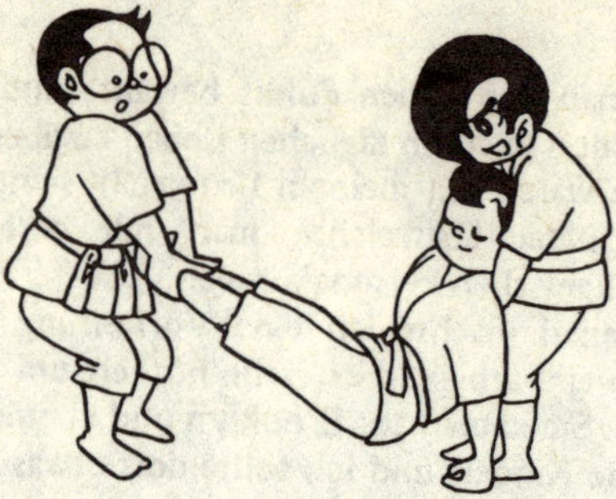

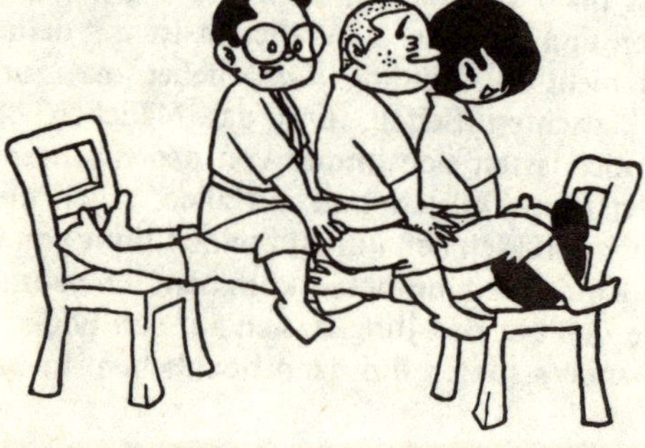

knickte er ein. Dann sagte ich ihm: „Denke dir, dein Körper sei eine Eisenstange.“ Sofort knickte er nicht mehr ein. Dann ließ ich sie den Körper über die zwei Stühle legen und drei Kinder sich auf seinen Bauch setzen. Er knickte nicht einmal ein, als die drei anfingen, auf ihm zu schaukeln.

Alle waren begeistert. Der Junge hatte zum ersten Mal erlebt, daß er wirklich bewundert wurde, und er war von da an sehr nett.

Die Kinder hörten mir zwei Stunden lang zu. Ich erklärte ihnen, daß die wahre Stärke des Menschen nur dann in Erscheinung tritt, wenn Geist und Körper vereint sind. Der Körper ist nur ein Teil des Eisbergs. Man muß auch an den Geist denken.

Ich sagte ihnen, sie sollten das üben, dann könnten sie ein glückliches Leben führen.

Alle klatschten mir Beifall. Als ich anschließend noch mit den Fürsorgern sprach, meinten sie: „Wenn Sie bei uns bleiben könnten, wären unsere Probleme viel schneller gelöst.“

So habe ich in den USA in insgesamt 20 Staaten unterrichtet: in Kalifornien, Nevada, Arizona, Washington, Colorado, Illinois, Wisconsin, Indiana, Ohio, New York, New Jersey, Connetticut, Washington D.C., Massachusetts, Pennsylvania, Georgia, North Carolina, Florida, Oregon und Hawaii.

Kapitel 5
DARUM MÖCHTE ICH DEN „WEG“ DER JUNGEN GENERATION WEITERGEBEN ...

Im September 1971 gründete ich das Ki no Kenkyukai und im Mai 1974 Shin-Shin-Toitsu-Aikido, und fast jedes Jahr habe ich im Ausland unterrichtet.

Ich bin nur 1,62 m groß und unterrichte meist Leute von viel größerer Statur. Auch lasse ich vier oder fünf Leute zur gleichen Zeit angreifen. Nur mit körperlicher Kraft kann man diese Anforderungen nicht bewältigen. Deshalb habe ich immer gemäß den Prinzipien „Der Geist lenkt den Körper" und „Zuerst Einheit von Geist und Körper, dann Aikido-Techniken" unterrichtet. Dies nannte ich Entwicklung von KI. In einer Stunde pflegte ich zehn Minuten Entwicklung von KI und fünfzig Minuten Aikido-Techniken zu unterrichten.

Der Geist lenkt den Körper. Um einen Angreifer zu führen, ist der Geist von größter Bedeutung. Aber bevor man den Geist eines anderen führt, muß man zuerst seinen eigenen Geist beherrschen. Es ist unmöglich, andere zu führen, wenn man sich selbst nicht beherrscht. Dadurch, daß man über die Übungen zur Entwicklung von KI die Gesetze von Geist und Körper versteht, werden all die Techniken des Aikido wirksam. Daher unterrichtete ich die Einheit von Geist und Körper, um so die Aikido-Techniken lehren zu können. Ich sagte immer: „Es ist nicht besonders nützlich, andere Leute werfen zu lernen, und man hat fast nie Gelegenheit, seine Kenntnisse anzuwenden. Wichtig ist vielmehr, Geist und Körper zu beherrschen und die uns innewohnende Kraft, die aus der Einheit von Geist und Körper entspringt, zu üben."

Nach zehn oder fünfzehn Jahren merkte ich jedoch, daß die meisten Leute mit ein klein wenig Fortschritt im Bereich der Technik zufrieden sind und auch nur die Techniken üben, aber die Entwicklung von KI vernachlässigen. Diejenigen, die damals von mir gelernt haben, machen es noch immer richtig. Aber ihre Schüler verstehen KI nicht. Auf diese Weise würde nach meinem Tode nichts übrigbleiben, mag ich auch noch so eifrig unterrichten.

In Japan war es noch schlimmer. Als Meister Morihei Ueshiba noch lebte, lief alles noch recht gut. Er sprach in religiösen Worten, und niemand verstand ihn, aber er zeigte immer Bewegungen in Einheit von Geist und Körper und sprach ständig und immer von KI. Aber nach seinem Tode gebrauchten die Leute im Aikido-Hauptdojo nicht einmal mehr das Wort KI. Dadurch wurden natürlich auch die Techniken schlechter und unwirksam.

Also schlug ich vor, einen KI-Kurs einzurichten. Ich sagte: „Die Wurftechniken sind leicht zu lernen, denn man kann die Bewegung des Körpers sehen. Weil aber die geistige Bewegung unsichtbar ist, tendieren die Leute dazu, sie zu vergessen. Besonders die jungen Leute sind nur daran interessiert, zu werfen und geworfen zu werden. Es ist also nötig, einen eigenen KI-Kurs einzurichten, in dem gelehrt wird, wie man Geist und Körper beherrschen und durch das

Verständnis der Gesetze, denen Geist und Körper folgen, diese in Einheit halten kann. Die Einheit von Geist und Körper ist die Grundlage aller Dinge. Mit ihr kann man gute Aikido-Techniken ausführen, und man kann sie auch auf alles andere anwenden. Sogar Kranke und alte Menschen können die Einheit von Geist und Körper üben. Sie macht die Menschen gesund. Das wäre ein sehr guter Beitrag für die Gesellschaft."

Aber im Aikido-Hauptdojo fand meine Idee keine Gegenliebe. Es gibt ein paar Redensarten von der Art: „mit einem Stein an die Tür klopfen" oder „mit dem Finger auf den Mond zeigen". Wenn man jemanden besucht, klopft man mit einem Stein ans Tor. Wenn es aber geöffnet ist, braucht man den Stein nicht mehr. Ebenso wenn man mit dem Finger auf den Mond gezeigt hat, braucht man den Finger nicht mehr. Was ich damit meine, ist: die Techniken des Aikido sind der Stein oder der Finger. Der Mond ist das wahre Aikido, der WEG der Einheit mit dem KI des Universums durch die Einheit von Geist und Körper. Die Techniken sind nur das Mittel, dies zu erreichen. Diejenigen, die nur die Wurftechniken üben, werden nie in der Lage sein, diesen Sachverhalt zu begreifen.

„Wenn du allein bist, übe allein. Bist du mit anderen zusammen, übe mit anderen." Ich war damals nun schon mehr als fünfzig Jahre alt. Wer aber den WEG des Universums verstanden hat, hat auch die Pflicht, andere zu unterrichten. Ich verließ das Aikido-Hauptdojo allein.

Im Ki no Kenkyukai begann ich mit sechs Leuten, heute sind es hunderte.

Aber ich kann in meinem Leben nur eine begrenzte Zahl von Menschen unterrichten. Daher ist das wichtigste, Lehrer auszubilden, und das zweite die

Lehrmethode. Ein altes Sprichwort lautet: „Für einen Fachmann gibt es keinen Nachfolger." Etwas zu erreichen, ist nämlich ziemlich leicht. Zu unterrichten, was man kann, ist schon viel schwerer, aber zu lehren, wie man unterrichtet, ist noch einmal so schwer. Aber ich sah es als meine Aufgabe, dies zu erreichen.

Glücklicherweise gab es ein paar fähige Lehrer, und so konnte ich mich bald an die Lehrmethode machen. Vorher hatte ich gelehrt, wie man in den Aikido-Techniken den Einen Punkt bewahrt, sich entspannt und KI fließen läßt. Aber zwischen diesen Dingen gab es keine klaren Beziehungen, und daher kam man schnell dazu, sie zu vernachlässigen. Das Universum ist eins, und diese Grundsätze sind ebenfalls eins, denn alle richtigen Dinge sind eins. Also mußten sie auch als Einheit zu fassen sein. So kam ich zu den Vier Grundprinzipien der Einheit von Geist und Körper:

(1) Halte den Einen Punkt
(2) Entspanne dich vollkommen
(3) Halte das Gewicht unten
(4) Lasse KI fließen

Das erste und das vierte sind Prinzipien des Geistes, die beiden anderen solche des Körpers. Alle vier sind ein und dasselbe. Wenn man einen der Grundsätze befolgt, so befolgt man natürlicherweise die anderen auch. Mißachtet man einen, so erfüllt man die anderen ebenfalls nicht mehr. Also braucht man nur eines der vier zu üben. Dazu ist ohne Ausnahme jeder in der Lage. Das ist die Zusammenfassung meines Unterrichts. Dies nennt man „KI in Einheit bringen". Dann entwickelte ich Methoden zur Entwicklung von KI, Atmung mit KI, Sitzen/Konzentration mit KI und Kiatsu (Massage mit KI). Diese fünf zusammen bilden

den Inhalt des KI-Kurses (Shin-Shin-Toitsu-Do). Entsprechend entwickelte ich Shin-Shin-Toitsu-Aikido, eine Methode, um die Einheit von Geist und Körper auch dann zu bewahren, wenn man angegriffen wird. Shin-Shin-Toitsu-Do bedeutet seinerseits, in jeder Schwierigkeit und jeder Handlung des täglichen Lebens die Einheit von Geist und Körper zu bewahren.

Entwicklung von KI oder KI-Übungen habe ich zum ersten Mal in Hawaii unterrichtet, um denjenigen den Einstieg zu ermöglichen, die noch nie etwas von Aikido gehört hatten. Ich nahm einige Aikido-Bewegungen und machte sie zu separaten Übungen, sodaß man in ihnen die Einheit von Geist und Körper üben konnte. Nach diesen KI-Übungen kann man die Aikido-Techniken leicht ausführen.

Die KI-Atemmethoden habe ich aus der *misogi*-Atmung, wie ich sie in jungen Jahren im Ichikukai gelernt hatte, entwickelt. In Japan üben wir in der kältesten Jahreszeit eine Woche lang jeden Abend eine Stunde diese Atmung. Und obwohl wir die Fenster öffnen und die Kleider ablegen, frieren wir während dieser Übung nicht.

Sitzen/Konzentration mit KI oder KI-Meditation habe ich aus meiner langen Erfahrung mit Zen entwickelt. Im Zen spricht man von *zenjo* oder *anjodaza* – wenn Geist und Körper vereint sind, ist man sehr stabil. Es ist nämlich nutzlos, in einer so schwachen Haltung zu sitzen, daß jeder einen umwerfen kann. Sitzen mit KI lehrt uns, eins zu werden mit dem Universum und dabei in einer sehr stabilen Haltung zu sein.

Kiatsu ist eine Methode, KI in den Körper fließen zu lassen. Ein gesunder, starker Mensch hat in seinem

Körper viel KI. Wenn dieser einem Schwächeren von seinem KI abgibt, kann er dessen Lebenskraft stärken und Krankheiten vorbeugen oder sie heilen.

Zu Neujahr tauchen in Japan dreihundert oder mehr Mitglieder in den eisigen Fluß. Dadurch will man „alles Gute und alles Schlechte des vergangenen Jahres abwaschen und als neugeborenes Baby das neue Jahr beginnen". Aber es hilft auch, die Kraft, die aus der Einheit von Geist und Körper entspringt, zu verstehen und zu erleben. Keiner friert dabei. Und selbst wenn jemand vorher erkältet war, ist er danach oft geheilt. Aber nur diejenigen, die die Vier Grundprinzipien gelernt haben, dürfen an dieser Übung teilnehmen.

Das Ki no Kenkyukai begann mit sechs Leuten, und heute gibt es in ganz Japan über 5000 Mitglieder. Ein zehntägiger Lehrgang in Honolulu 1972 zählte 217 Teilnehmer, und im Jahr darauf waren es mehr als 400. Dann folgten zehntägige Lehrgänge in Portland, Oregon, mit 450, Washington mit 110 und am Fullerton College in Kalifornien mit 300 Teilnehmern. Dort wurde daraufhin eine neues „Institut für die Entwicklung von KI" eingerichtet. Danach kamen Chicago, New York, Philadelphia und San Franzisko, und 1978 folgten ebenfalls zehntägige Lehrgänge in Deutschland, Belgien und der Schweiz.

Solange ich nur Aikido unterrichtet hatte, kamen nur 50 oder 60 Teilnehmer und meist junge Leute. In die KI-Seminare aber kamen dann hunderte von Teilnehmern, und nun auch Psychologie- und Philosophieprofessoren, Physiker, Ärzte, Juristen, Geschäftsleute und Künstler. Denn es gibt viele, die sich für den Weg des menschlichen Zusammenlebens interessieren, aber nicht Aikido üben wollen.

In Amerika und Europa gibt es nun schon viele Menschen, die sich für KI interessieren, aber niemand weiß so recht, was KI und die Einheit von Geist und Körper eigentlich sind. Die Japaner gebrauchen im Alltag oft dieses Wort KI und denken, sie wüßten, was es bedeutet. Aber in Wahrheit verstehen auch sie es nicht wirklich. Daher habe ich die grundlegenden Prinzipien von KI formuliert und möchte diese möglichst vielen Menschen der nächsten Generation weitergeben.

Kapitel 6
SO KÖNNEN SIE DIE VIER GRUNDPRINZIPIEN ANWENDEN

. . . Im täglichen Leben

Yasuo Sakamoto war in Hiroshima, als die Atombombe geworfen wurde. Nach ein paar Jahren wurden seine Augen sehr schwach, und er mußte operiert werden. Aber die Operation war schwierig, da er über eine Stunde lang nicht blinzeln durfte. Das erscheint fast unmöglich. Also kam er zu mir, um sich meinen Rat einzuholen. Er hatte über ein Jahr Aikido geübt. Ich sagte ihm: „Jetzt ist der Zeitpunkt gekommen, wo Sie wirklich üben können, den Einen Punkt im Unterbauch zu bewahren. Denken Sie nur immer wieder: Ein Punkt, ein Punkt. . . Wenn Sie ans Blinzeln denken, ist es sehr schwer, nicht zu blinzeln. Sie müssen nur Ihr ganzes KI in den Einen Punkt im Unterbauch schicken." Die Operation verlief erfolgreich, und die Ärzte bescheinigten ihm große Geduld. . .

Hisaomi Matsumoto ist Zahnarzt. Er hatte sehr lange Aikido geübt, aber nicht verstanden, worum es ging. Als ich dann aber in seiner Stadt unterrichtete, nahm auch er am KI-Unterricht teil, begann anschließend, KI zu üben und eröffnete sogar ein kleines Dojo im Garten seines Hauses. Er sagte mir: „Wenn ich einen Patienten behandle, erkläre ich ihm, wie er den Einen Punkt halten kann. Dann spürt er viel weniger und erholt sich auch schneller von der

Behandlung." Er erwarb sich dadurch einen sehr guten Ruf.

Einmal bat mich ein Arzt um einen Rat. „Meine Patienten sagen, meine Spritzen täten ihnen sehr weh. Was mache ich falsch?"

Nun, ich glaube nicht, daß es bei Spritzen unterschiedliche Schmerzen gibt, aber sicher kann man ein und dieselbe Spritze verschieden stark spüren. Ich fragte also: „Wie geben Sie denn Spritzen?"

„Wenn die Patienten auf die Nadel schauen, fühlen sie noch mehr Schmerz. Also sage ich ihnen, sie sollten wegschauen."

„Das klingt vernünftig, ist es aber nicht wirklich", antwortete ich. „Wenn man den Menschen etwas verbietet, wollen sie es umso mehr. Wenn Sie dem Patienten also sagen, er soll nicht hinschauen, so nützt das gar nichts. Im Gegenteil ist seine Konzentration auf ebendie Stelle gerichtet, wo Sie stechen. Dadurch fühlt sich die Spritze umso schmerzhafter an. Versuchen Sie es also folgendermaßen. Lassen Sie den Betreffenden zuerst auf die Stelle schauen, an der die Injektion gemacht werden soll. Dann zählen Sie bis drei, und bei drei soll er wegschauen. In diesem Moment stechen Sie zu. Da sich der Geist in diesem Moment vollkommen abwendet, spürt der Patient keinen Schmerz. . ."

Frau Orihata hatte Probleme mit der Leber. Sie verbrachte ein halbes Jahr in der Klinik, aber ihr Fall besserte sich nicht. Ich empfahl ihr Dr. Ariizumi. Sie ging zu ihm hin, und dieser sagte ihr: „Für Ihre Leber gibt es keine Medizin. Aber ich kenne einen anderen guten Weg. Gehen Sie zu Tohei-Sensei!. . ."

„Ja, den kenne ich gut."

„Umso besser. Lernen Sie bei ihm die KI-Atmung.

Dann wird es Ihnen bald besser gehen."

Sie kam wieder zu mir und lernte die KI-Atmung. Ich wies sie an: „Machen Sie das nun jeden Abend mindestens eine halbe Stunde lang. Das Wichtigste ist die Regelmäßigkeit."

Drei Wochen später kam sie wieder und meinte: „Ich schlafe wieder gut und habe großen Appetit. Es geht mir wieder sehr gut. Ich war gerade in der Klinik, und der Arzt hat mir gesagt, daß ich geheilt bin. Vielen Dank!" Aber dann fragte sie mich: „Wenn Sie wissen, daß die KI-Atmung Leberleiden heilen kann, warum haben Sie mich dann zu Dr. Ariizumi geschickt?"

„Ja, gewußt habe ich das schon", antwortete ich. „Aber da ich kein Arzt bin, hätten Sie es mir nicht geglaubt. Dr. Ariizumi kennt die KI-Atmung sehr gut. Deshalb habe ich Sie zu ihm geschickt."

„Und warum hat Dr. Ariizumi mir dann die KI-Atmung nicht gezeigt?"

„Aus demselben Grund. Wenn ein Arzt keine Medizin verschreibt, sondern KI-Atmung unterrichtet, glaubt man ihm nicht. Deshalb lernen Sie das am besten bei mir."

Frau Orihata verstand. Wenn man daran glaubt, ist es sehr einfach. Aber die meisten Leute glauben nicht einmal die Wahrheit. Deshalb ist es manchmal nötig, auf recht komplizierte Weise zu unterrichten.

. . . Bei der Arbeit mit Behinderten

1977 hielt ich einen Vortrag auf einem Behindertentreffen. Auch Frau Midori Kataoka, die Vorsitzende einer entsprechenden Organisation, war anwesend und beschrieb ihre Arbeit. Sie sagte:

„Mehr als elf Jahre bemühe ich mich nun schon darum, Behinderten zu helfen. Einmal im Monat treffen wir uns vier bis fünf Stunden lang ohne Pause. Dann machen wir einige Übungen zusammen. Wenn ich aber sage: „Laßt uns aufstehen", kann nur die Hälfte aufstehen. Wenn ich sage: „Laßt uns den Arm heben", kann nur ein anderer Teil den Arm heben. Also mußte ich nach etwas suchen, das alle tun können. In der KI-Atemübung habe ich es gefunden. Jeder kann atmen. Und auch andere kleine Dinge können den Alltag um vieles leichter machen. Und diese kleinen Dinge können durch vier einfache und grundlegende Prinzipien erreicht werden. . ."

Kapitel 7
SO KÖNNEN SIE GEIST UND KÖRPER ÜBEN

1 – So üben Sie Ihren Körper

Die jungen Leute seit Kriegsende sind körperlich sehr groß. Meine 1,62 m waren vor dem Krieg noch Durchschnitt. Heute gelte ich als klein. Das mag Veränderungen im Lebensstil oder in den Eßgewohnheiten zuzuschreiben sein, jedenfalls ist es eine Tatsache: die jungen Leute sind heute zwar größer als damals, aber schwächer. Vor dem Krieg war es zum Beispiel für Mittelschüler ganz normal, jedes Jahr an einem Langstreckenlauf teilzunehmen. Bei den gleichen Läufen heute fallen immer viele in Ohnmacht, und es kam auch schon vor, daß ein Schüler an Herzversagen gestorben ist.

Im Kriegsverbrecherprozeß nach dem Ende des Zweiten Weltkriegs in Tokyo wurde viel Zeit auf die sogenannten „Todesmärsche“ verwendet, bei denen amerikanische Kriegsgefangene lange Zeit in glühender Sonne laufen mußten. Sicher, für amerikanische Soldaten, die gewohnt waren, in Lastwagen und Jeeps zu fahren, mögen das Todesmärsche gewesen sein, aber für japanische Soldaten, die herzlich wenig Fahrzeuge zur Verfügung hatten, war das ganz normal. Wenn die Jugendlichen heute solch lange Strecken unter glühender Sonne zu laufen hätten, würden sie das sicher auch „Todesmärsche“ nennen.

Besonders betroffen von dieser Schwäche sind wohl die Beine und die Hüfte. Schon nach ein paarmal Beugen und Strecken schmerzen den jungen Leuten die Knie, und bei einem kleinen Stoß verlieren sie sofort das Gleichgewicht.

Die richtige Weise zu denken ist hierbei von allergrößter Wichtigkeit, aber es hat keinen Sinn, Kaviar auf einem zerbrochenen Teller zu servieren. Die Handlung eines schwachen Körpers wird auch dann noch armselig sein, wenn ein edler Geist in ihm wohnt. Deshalb ist es wichtig, den Körper zu üben, damit er stark und gesund ist und auch einmal Entbehrungen ertragen kann.

Manche treiben diesen Gedanken allerdings zu weit. Denn nur so konnte es dazu kommen, daß durch zu hartes Training ein paar Schüler in Japan gestorben sind. Wenn man den Körper zu schnell und zu intensiv entwickeln will, kann das natürlich passieren. Davon ist hier selbstverständlich nicht die Rede.

Der menschliche Körper ist aber anpassungsfähig, und die Leibeserziehung sollte sich dies in ausgewogener Weise zunutze machen.

Übe links und rechts in gleicher Weise

Es heißt zwar, Golf sei gut für die Gesundheit, aber es kommen mittlerweile so viele Leute zu mir und beklagen sich über ihre bei diesem Spiel verletzte Schulter, daß ich das langsam bezweifle. Denn wenn man den Schläger schwingt, wird nur die Hälfte des Körpers benutzt und damit nur die eine Hälfte der Eingeweide beeinflußt. Und bevor er den Schläger gebraucht, sollte der Spieler zunächst seinen Körper aufwärmen, indem er die Schlagbewegungen langsam durchmacht, um Muskeln, Sehnen und Blutgefäße vorzubereiten. Wird der Körper nicht aufgewärmt, können selbstverständlich Verletzungen entstehen.

Der hauptsächliche gesundheitliche Nutzen des Golfspiels liegt in dem Laufen, das damit verbunden ist. Aber wenn man nun auch schon hier einen fahrbaren Untersatz benutzt, sind die meisten gesundheitsfördernden Aspekte dieses Spiels verloren.

Jogging, einst von den Medizinern wärmstens empfohlen, ist in den USA aus Angst vor Herzversagen nun wieder weniger populär. Jogging ist zwar ein ausgezeichnetes Mittel, um den ganzen Körper zu üben, aber viele übertreiben natürlich auch das. Für einen gesunden Körper ist Jogging gut, um noch gesünder zu werden, aber Kranke und Schwache sollten es besser meiden. Die sind mit ganz normalem Laufen oder Gehen besser dran. Und Laufen scheint mir überhaupt das beste und wirklich umfassende Mittel, um fit zu bleiben.

Auch im Aikido, wie es im Ki no Kenkyukai unterrichtet wird, werden beide Seiten des Körpers in gleicher Weise geschult. Hinsetzen, Aufstehen, die Knie strecken und den Körper nach links und rechts beugen: bei alldem ist der ganze Körper beschäftigt. Wenn Sie mit weichen Bewegungen beginnen und allmählich deren Geschwindigkeit und Intensität steigern, werden Sie in der Lage sein, allmählich die Geschmeidigkeit und Stärke Ihres Körpers zu entwickeln. Wichtig ist jedoch vor allem, die linke und die rechte Seite in gleicher Weise zu üben.

Strecke die Beinmuskulatur

Wenn Sie jemanden fragen, welcher Teil seines Körpers am schnellsten ermüdet, wird er sagen, die Hände, weil er sie am meisten benutzt. Das ist aber falsch. Die Hände kann er nämlich jederzeit ausruhen, aber selbst wenn er nur untätig herumsteht, müssen seine Beine ihn tragen. So ist es hauptsächlich die hintere Partie der Beine, die Waden, die besonders leicht ermüden. Nach einer Bergwanderung werden es entsprechend auch diese Muskeln sein, die am nächsten Tag die meisten Schmerzen bereiten. Und wer bei seiner Arbeit diesen Teil des Körpers nicht beansprucht, entwickelt schon in mittleren Jahren steife Beine und erlebt schon zwanzig Minuten Stehen als Qual. Aber wenn ein älterer Mensch starke Beine hat, ist er im allgemeinen gesund.

Die Beine sind das Fundament des Körpers. Wenn Sie also ein langes und gesundes Leben führen wollen, sollten Sie immer wieder die Beinmuskulatur gut strecken.

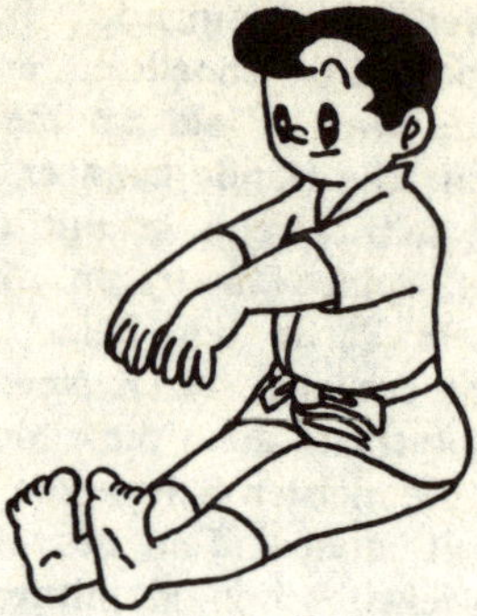

Übung 1
Sie sitzen auf dem Boden, strecken beide Beine nach vorn, ziehen die Zehen so weit wie möglich an und drücken die Fersen nach vorn. Dann beugen Sie den Oberkörper nach vorn und strecken beide Arme so, daß die Finger über die Zehen hinweg den Boden berühren.

Wenn Sie diese Übung machen können, ist Ihr Körper geschmeidig und gesund. Aber die meisten werden nicht einmal bis zu den Zehen kommen, geschweige denn bis zum Boden. Wenn Sie Ihren Körper dazu zwingen, werden sich Ihre Wadenmuskeln mit Sicherheit rächen. Seien Sie also nicht enttäuscht, wenn Sie zunächst einmal den Boden nicht erreichen können. Wenn Sie aber damit fortfahren, diese Dehnungsübung Tag für Tag vier oder fünf Minuten lang zu machen, wird Ihr Körper nach und nach immer lockerer und kraftvoller, und bald wird es kein Problem mehr sein, den Boden zu berühren.

Übung 2
Sie öffnen die Beine, so weit es geht, ziehen die Zehen an und drücken die Fersen nach außen wie zuvor. Halten Sie die Zehen des linken Fußes mit der linken Hand, und drücken Sie die Ferse noch weiter nach außen. Beugen Sie den Körper nach links, bis Sie mit dem Kopf das Knie zu berühren. Diese Bewegung streckt die Muskeln an der Außenseite der Beine. Danach halten Sie die Zehen weiter fest und legen das Bein noch weiter nach außen. Dann machen Sie die gleiche Übung auf der rechten Seite.

Anfangs werden Sie in dieser Haltung Ihre Zehen vielleicht nicht berühren können. Aber auch hier ist es so, daß Sie durch die tägliche Übung die ganze Bewegung wohl bald werden ausführen können.

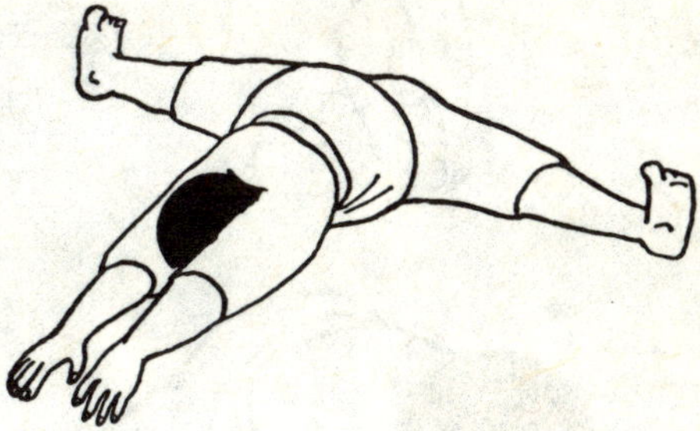

Übung 3
Lassen Sie die Beine ganz geöffnet, und beugen Sie den Oberkörper nach vorn, sodaß die Stirn den Boden berührt. Wenn Sie dies erreicht haben, versuchen Sie, den Boden mit dem Kinn zu berühren. Diese Übung dehnt die Muskeln an der Innenseite der Beine.

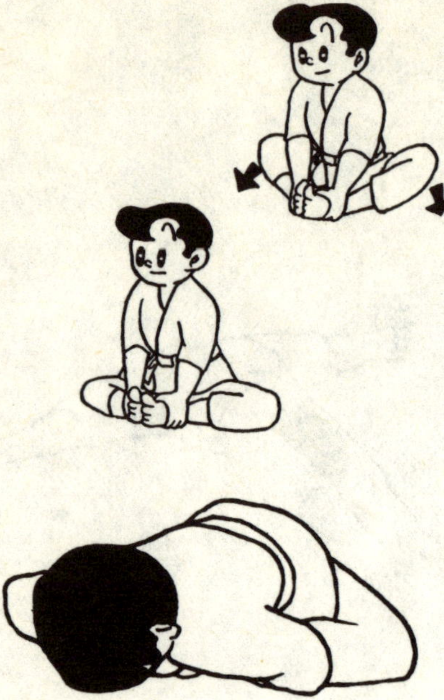

Übung 4

Jetzt winkeln Sie die Knie an, sodaß sich die Fußsohlen berühren. Schwingen Sie die Knie bis zum Boden. Hierdurch werden die äußeren und die inneren Muskeln der Beine gedehnt. Dann beugen Sie den Oberkörper nach vorn, bis Ihre Stirn den Boden berührt. Wenn Sie dies erreicht haben, versuchen Sie, den Boden mit dem Kinn zu berühren.

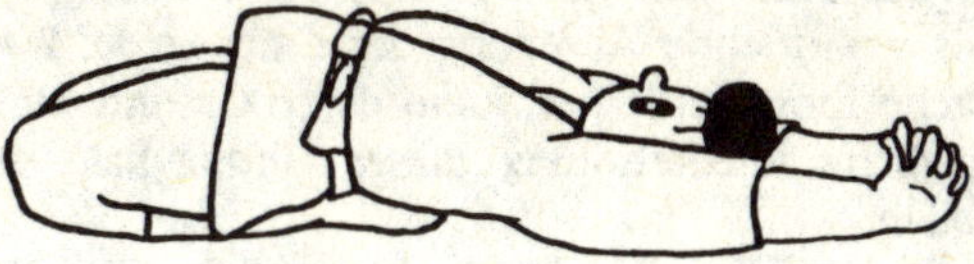

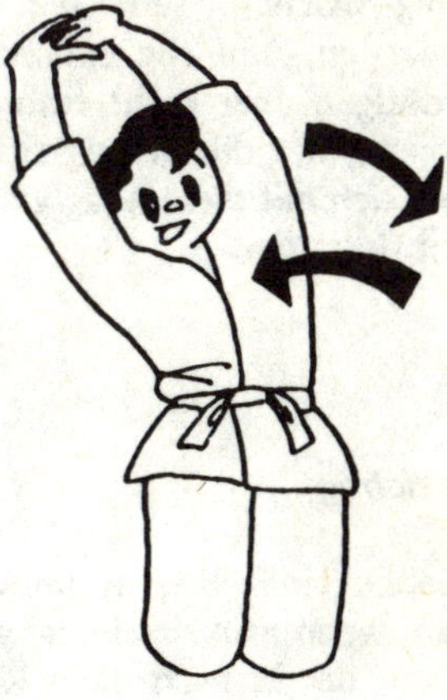

Übung 5
Sie sitzen in seiza, die Knie zeigen leicht nach außen. Die großen Zehen kreuzen sich. In dieser Stellung legen Sie den Oberkörper nach hinten. Bringen Sie die gefalteten Hände über den Kopf, dann drehen Sie die Handflächen nach außen und strecken die Arme vollständig. Drehen Sie dann den Oberkörper nach links und rechts, um die Unterbauchgegend zu dehnen. Diese Übung wirkt auf die Oberschenkelmuskulatur.

Wer sich nicht gleich ganz zurücklegen kann, sollte sich nach und nach an die Dehnung gewöhnen, indem er sich etwas unter den Rücken legt. Diese Übung ist auch gut als wohltuende Anregung der Eingeweide. Wer also schwache Eingeweide hat, kann deren Gesundheit durch die tägliche Wiederholung dieser Übung bald wiederherstellen.

Diese fünf Übungen sind in den traditionellen Kampfkünsten Japans sehr verbreitet, da sie den Körper weich und geschmeidig machen. Jede der Übungen dehnt andere Muskelpartien, und alle zusammen wirken sehr umfassend, benötigen aber nicht einmal fünf Minuten. Besonders diejenigen, die eine sitzende Tätigkeit ausüben, können sich mit diesem täglichen Fünfminutenprogramm leicht fit halten.

Entspanne dich richtig

Wenn die Sehne eines Bogens immer gespannt ist, wird sie versagen, wenn man sie einmal wirklich braucht. Ebensowenig kann der Mensch dann Kraft entwickeln, wenn es wirklich nötig ist, wenn seine Muskeln ständig angespannt sind. So haben Sportler auch gerade aus diesem Grund oft Schwierigkeiten. Wahre Entspannung ist der Zustand größtmöglicher Stärke. Von ihr war ja bereits früher als dem zweiten der Vier Grundprinzipien der Einheit von Geist und Körper die Rede. Wahre Entspannung ist bequem, gesund und voller Kraft. Aber die meisten Menschen wissen nicht, wie man sich richtig entspannt:

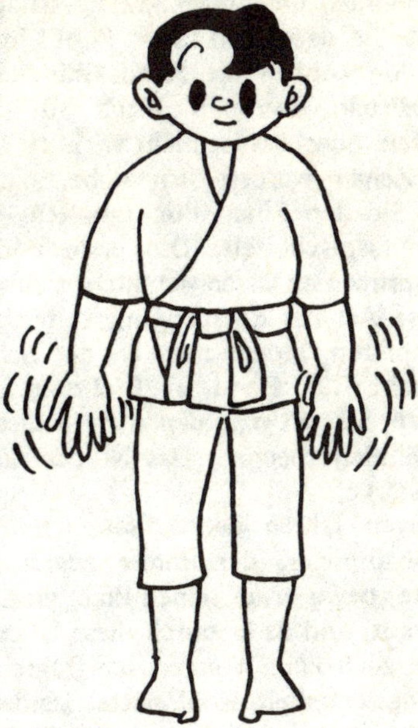

Lassen Sie Ihre Arme in der natürlichen Position seitlich am Körper. Halten Sie den Einen Punkt und schütteln Sie beide Hände so schnell wie möglich, sodaß der ganze Körper, die Zehen eingeschlossen, vibriert. Halten Sie die Bewegung ruhig an, und bleiben Sie in dieser Stellung.

Das ist Entspannung. Es ist ganz einfach. Jeder kann diese Übung überall machen. Wenn Sie die Finger anspannen, können Sie sie nicht schnell schütteln. Das geht nur dann, wenn Sie wirklich entspannt sind. Umgekehrt können Sie zur Entspannung kommen, indem Sie einfach die Finger kräftig schütteln. Wichtig ist nur, daß Sie dabei den Einen Punkt im Unterbauch bewahren. Sie können die Hände nämlich auch dann schnell schütteln, wenn Sie sich auf den Scheitel konzentrieren, aber das ist nicht wirklich Entspannung, denn die Zehen werden sich dabei nicht bewegen. Nur wenn Sie den Einen Punkt halten, werden auch die Zehen ausgeschüttelt. Das erste und zweite der Vier Grundprinzipien lassen sich nicht trennen.

Daß diese Art der Entspannung stabil ist, kann man leicht nachprüfen, indem man an der Schulter drückt oder versucht, die Hand in Richtung der Schulter hochzuheben. Streckt man den Arm in diesem Zustand, läßt er sich nicht beugen. Das ist der Zustand größtmöglicher Stärke.

Vor einigen Jahren beobachtete ich im Fernsehen einen Baseballspieler, der immer zuerst seine Hände ausschüttelte, bevor er an seinen Platz ging. Sein Schlag war immer gut, und da er durch diese Übung entspannt war, ist das auch kein Wunder. Ich fragte mich, woher er diese Angewohnheit wohl hatte. Leider gab er sie bald danach wieder auf, und kurze Zeit später war er von der Bildfläche verschwunden. Wahrscheinlich war es nur eine vorübergehende Angewohnheit, deren eigentlichen Sinn er gar nicht kannte. Schade. Hätte er die Angewohnheit beibehalten, wäre er vielleicht ein ausgezeichneter Spieler geworden.

Wenn Sie beim Lernen müde werden, beim Golfspiel

einen entscheidenden Schlag auszuführen haben, vor einem großen Publikum eine Rede halten müssen, eine wichtige Sitzung oder eine Prüfung vor sich haben, verspannen sich Geist und Körper sehr leicht. In diesen Fällen sollten Sie versuchen, den Einen Punkt im Unterbauch zu halten und die Finger so schnell auszuschütteln, daß auch die Zehen sich mitbewegen. So entspannen Sie sich, werden ruhig und können die Aufgabe, die vor Ihnen liegt, gut ausführen.

Drei Dinge habe ich Ihnen nun erklärt, und jedes der drei ist sehr leicht durchzuführen. Verschwenden Sie Ihre Zeit nicht damit, sie zu bezweifeln, sondern probieren Sie sie aus. Strecken Sie jeden Morgen Ihre Beine, laufen Sie so viel wie möglich, und verbannen Sie durch gelegentliches Ausschütteln Ihrer Finger alle Verspannung aus Geist und Körper. Ihr Körper wird gesund und stark sein, kein Muskelpaket natürlich, aber kraftvoll, geschmeidig und elastisch. Aber drängen Sie Ihren Körper nicht, sondern versuchen Sie, diese Übungen in Ihr tägliches Leben einzubauen und sich so Stück für Stück zu entwickeln.

2 – So üben Sie Ihren Geist

Viele Menschen der älteren Generation haben oft das Gefühl, die Jugend unserer Zeit habe kein geistiges Rückgrat. Bei den geringsten Schwierigkeiten geben sie auf, und schon bei kleinen Unannehmlichkeiten ziehen sie sich zurück. Daher sorgen sich die Eltern um die Zukunft ihrer Sprößlinge, und andere ängstigen sich gar um die Zukunft der ganzen Welt. Das Problem ist die Schwäche der geistigen Kraft.

Dafür mag es viele Gründe geben, der wichtigste ist jedoch ein ganz grundsätzlicher Fehler im Erziehungssystem. Geist und Körper sind ursprünglich eins, und jegliche grundsätzliche Trennung ist künstlich.

Jede Schule hat eine schöne Turnhalle für den Körper, aber keinen Ort, wo der Geist geübt wird. Daher haben viele *dojo* im Ki no Kenkyukai den Beinamen „Shinkan" – Haus geistiger Übung. Denn ein Dojo ist für uns ein Ort, an dem man seinen Geist übt.

Die Psychologie ist zwar ein gestandenes Feld akademischer Betätigung, aber auch sie betrachtet die Gehirntätigkeit nur von einem objektiven Standpunkt aus. Sie lehrt nicht, wie man den Geist übt und ihn beherrscht.

An der Universität von Kalifornien in Fullerton wurde schon ein Institut für die Entwicklung von KI gegründet, aber in Japan gibt es das bezeichnenderweise noch nicht. Es wird hier wohl so kommen wie mit vielen anderen Dingen auch: man wir in den USA mehrere solcher Institute gründen und dann die Idee von dort aus nach Japan exportieren. . .

Bringe den Geist in Einheit

Man kann diffuses Sonnenlicht durch eine Linse so konzentrieren, daß es eine Flamme hervorbringt. Aber selbst das stärkste Licht wird schwach, wenn man es zerstreut. Konzentration ist Kraft. Mit dem Geist ist das nichts anderes. Aber anstatt diese einfache Tatsache anzuerkennen und entsprechend zu handeln, schwächen die meisten Leute ihren Geist, indem sie zum Beispiel versuchen, gleichzeitig zu essen und zu lesen, oder beim Musikhören zu lernen.

Der Geist lenkt den Körper. Der Geist empfindet den Geschmack des Essens über die Zunge. Der Geist bewegt sich durch das Mittel der Beine. Aber die meisten denken, die Zunge würde den Geschmack empfinden oder die Beine würden laufen. Und deshalb denken sie, die Zunge würde das Essen auch dann in gleicher Weise schmecken, wenn die Augen mit der Zeitungslektüre beschäftigt sind. Das Ergebnis ist, daß sie gewöhnlich gar nicht merken, was sie essen.

Wenn Sie essen, sollten Sie Ihren Geist auf das Essen lenken. Das ist Höflichkeit. Und es ist auch die einzige Möglichkeit, den Geschmack des Essens zu erfahren. Und gleichzeitig ist es eine Übung, den Geist zu stärken.

Bevor Sie anfangen zu laufen, sollten Sie sich klarmachen, daß es ebendies ist, was Sie nun vorhaben zu tun. Dann erst sollten Sie laufen. Wenn Sie nicht genau wissen, ob Sie laufen sollen oder nicht, so bleiben Sie besser, wo Sie sind. Sie könnten sonst einen Unfall verursachen.

Übung 1

A läuft an B vorbei. Zuerst denkt A dabei nach hinten, so als ob ihm jemand folgen würde. Wenn A an B vorbeikommt, streckt B seinen Arm aus, um A am Weiterlaufen zu hindern. Auch wenn B nur ein Minimum an Kraft aufwendet, fällt A leicht zu Boden.

Übung 2

Dann richtet A beim Laufen sein Denken nach vorn. B streckt seinen Arm wie zuvor. Diesmal kann er A jedoch nicht zu Boden werfen, sondern wird sogar mitgezogen, wenn A weitergeht.

Wenn Sie laufen, ohne laufen zu wollen, bedeutet das, daß Sie Ihren Geist nicht bei sich haben, sondern zurücklassen. Ein leichter Druck genügt, um Sie umzuwerfen. Der zerstreute Professor und der verliebte Jüngling stoßen an die Laterne, weil ihr Geist woanders ist. Auch Verkehrsunfälle kommen von daher. Sie sollten Ihre Kinder dazu bringen, laut zu sagen: „Ich gehe jetzt zur Schule", wenn sie am Morgen das Haus verlassen. Das macht ihnen nämlich bewußt, daß sie zur Schule gehen. Und es macht sie bereit, ihr Denken vorwärts zu lenken und dadurch einer möglichen Gefahr auch viel besser zu begegnen. Aber die Kinder sagen heute meist nichts, wenn sie das Haus verlassen, und die Eltern wissen oft nicht, ob sie überhaupt zu Hause sind. Sie sollten sich aber sorgfältig überlegen, welchen Gefahren sie ihre Kinder aussetzen, wenn sie sie mit unstetem Geist in den dichten Straßenverkehr gehen lassen.

In einem japanischen Lied heißt es: „Sucht man die Geliebte auf, werden tausend Meilen ein paar Schritte, doch geht man nach Hause und nicht zu ihr, werden ein paar Schritte tausend Meilen." Strebt Ihr Geist mit Ihnen zusammen einem Ziel zu, sind tausend Kilometer nichts. Sind Sie jedoch verzagt und lassen Ihren Geist zurück, wird schon ein Kilometer zur Hölle.

Wenn Sie etwas erreichen wollen, machen Sie es sich zur Gewohnheit, Ihren Geist zu reinigen, ihn in Einheit zu bringen und in die Richtung Ihrer Tätigkeit zu lenken. Wenn Sie eine Karotte schneiden, ist Ihr Finger solange in Sicherheit, wie Ihr Geist auf die Karotte gerichtet ist. Eine Aufgabe gern zu tun, macht es leicht, sie zu bewältigen, denn Konzentration ist keine Arbeit. Ob Sie nun aber spielen oder arbeiten, die Konzentration auf das, was Sie tun, macht Ihren Geist stark.

Gebrauche den Geist positiv

Den Geist positiv zu gebrauchen, ist das, was ich „KI fließen lassen“ oder „KI ausstrahlen“, „KI abgeben“ nenne. Die Seite eines Gegenstands, auf die das Licht fällt, ist hell, die andere ist dunkel. Beide Seiten sind vorhanden. Wenn Sie einen starken Geist besitzen wollen, so betrachten Sie die helle Seite. So gebrauchen Sie den Geist positiv.

Das Gegenteil davon ist, den Geist negativ zu gebrauchen. Die helle Seite entspricht dem Nach-außen-Strömenlassen von KI, die dunkle dem Nach-innen-Ziehen.

Ein gutes Beispiel hierfür ist der unbeugbare Arm. Bei der Erläuterung des vierten der Vier Grundprinzipien der Einheit von Geist und Körper hatte ich ihn schon erwähnt. Wenn Sie fest daran glauben, KI nach außen strömen zu lassen, gibt dies dem Arm solche Kraft, daß niemand ihn beugen kann. Wenn Sie dagegen denken, daß man ihn vielleicht doch beugen könnte oder daß Sie ihn nicht unbeugbar machen können, wird er ohne Schwierigkeiten beugbar sein.

Immer wieder betone ich: „Hört auf zu sagen ‘Ich kann nicht’. Wenn ihr etwas anfangt, sagt ‘Ich kann es’. Dann fangt an, es zu tun. Das ist der Schlüssel zur Vereinigung von Geist und Körper in dem, was man tun will. Wenn ihr es dann immer noch nicht könnt, bleibt durchaus noch genügend Zeit zu sagen ‘Ich konnte es nicht’.“ Wenn ein Kind einfach von vornherein sagt: „Das kann ich nicht“, dann greife ich ein und lasse es sagen: „Ich kann es.“ Kleinigkeiten wie diese dringen tief ins Unbewußte des Kindes ein. Murren und Nörgeln ist negativ. Es verdunkelt das Herz des Nörglers und auch die Herzen seiner Mitmenschen – ein Schritt weiter in die Verdunkelung der ganzen Welt. Keiner hat Erfolg, solange er nörgelt.

Wenn Sie etwas zu sagen haben, so nehmen Sie den Mund voll. Prahlen Sie ruhig. Prahlen können Sie nur, wenn Sie KI ausstrahlen. Prahlen und Bluffen ist etwas ganz Verschiedenes. Ersteres verspricht das Bestmögliche, das Sie erreichen können, letzteres ist Unaufrichtigkeit von Anfang an.

Wenn Sie prahlen, müssen Sie auch dazu stehen. Wenn der Geist sich bemüht, erlangt er Kraft. Das heißt „den Geist positiv gebrauchen". Die Kraft des Geistes ist sehr real. Und wenn Sie an ihn glauben und ihn positiv gebrauchen, können Sie seine Stärke noch vermehren. Lassen Sie uns dazu ein kleines Experiment machen.

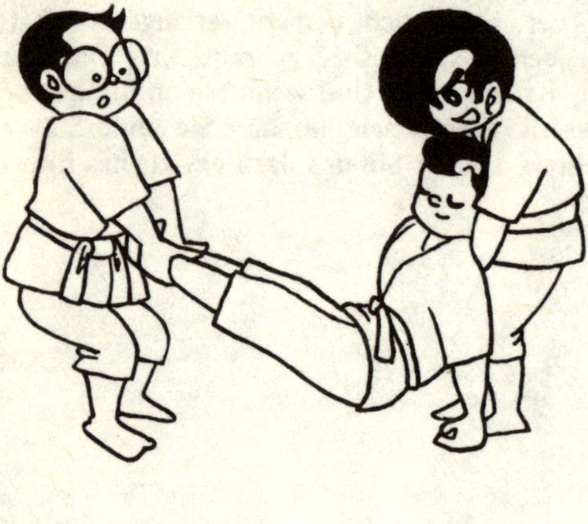

Übung 3
A liegt auf dem Rücken, die Füße sind zusammen, und die Arme liegen an der Seite. B hält A an der Schulter, C an den Füßen, und beide heben ihn hoch. Dabei knickt A in der Mitte ein.

Übung 4

A liegt auf dem Rücken wie zuvor, aber diesmal legt er die Hände auf die Schenkel und stellt sich vor, eine Eisenstange laufe durch seinen Körper. Er kann auch denken, sein Körper sei angefüllt mit KI. Beim Hochheben bleibt A nun kerzengerade.

Übung 5
A's Körper bildet eine Brücke zwischen zwei Stühlen. Auch wenn zwei oder drei Männer auf ihm sitzen, nimmt er ihr Gewicht kaum wahr.

Sie brauchen sich dazu nicht hypnotisieren zu lassen. Wenn die anderen A's Körper schütteln, wird ihn das nicht stören, denn seine Konzentration ist nicht so zerbrechlich wie in der Hypnose. Auf Jahrmärkten legt man auch oft einen großen Stein auf den Bauch der Person und zerschlägt ihn mit einem Hammer. Das ist das gleiche Phänomen. Die Kraft des Hammers dringt nicht in den Körper ein. Selbst ein Kind kann dieses Experiment machen, wenn es sich vorstellt, daß eine Eisenstange durch seinen Körper hindurchgeht.

Die Kraft des Geistes ist real. Jemand erkennt das wirkliche Ausmaß seiner Stärke so weit, als er seinen Geist benutzt. Versuchen Sie dies einmal mit einem willensschwachen Kind. Er wird überrascht sein zu sehen, daß er das Gewicht von Erwachsenen tragen kann. Sagen Sie ihm: „Du hast ja gewaltige Kräfte. Wo hattest du die nur versteckt? Du solltest diese Kräfte in allem gebrauchen, was du tust." Es besteht durchaus eine Chance, daß es sich sagt: „Stimmt eigentlich. Ich bin wirklich sehr stark. Wenn ich es versuche, kann ich es auch." Und wenn sein Geist einmal stark ist, bewegt sich auch sein Körper in Richtung Lebenskraft und Gesundheit.

3 – So trainieren Sie Ihr Gehirn

Oft spricht man von einem „klugen Kopf". Wenn jemand zum Beispiel gute Leistungen in der Schule erbringt, ist er ein kluger Kopf, und jemand, der außergewöhnliche Leistungen in der Wissenschaft oder in Sprachen bringt, ebenso. Einen erfolgreichen Geschäftsmann nennt man kaum so, und auch jemand, der die Wirkungsweise des Geistes am Beispiel der Abwehr mehrerer Angreifer demonstriert, hat wenig Glück in dieser Richtung. So etwas hat mit einem klugen Kopf nichts zu tun, das ist nur Kraft. Betrachten wir also die Intelligenz einmal ganz grundsätzlich.

Verständnis

Was versteht man im allgemeinen unter Intelligenz? Jedes Buch verstehen, Eines hören und ein Zehnfaches verstehen, alles verstanden haben, sobald jemand auch nur anfängt zu reden... Ich spreche hier wohlgemerkt nicht von Akademikern mit beruflich trainiertem Gehirn. Viele von diesen können außer ihrem Fach überhaupt nichts verstehen. Ich spreche von der Allroundintelligenz, die im täglichen Leben anwendbar ist.

Der Grundpfeiler des Intellekts ist das Lesen. Füllen Sie Ihre Freizeit mit dem Lesen verschiedenster Bücher. Zeitschriften und andere „leichte Lektüre“ mögen entspannend sein, aber sie tragen wenig dazu bei, Ihre Intelligenz zu entwickeln. Machen Sie nicht den Fehler, nur Bücher einer Art zu lesen. Dies beeinträchtigt Ihre Flexibilität. Lesen Sie Romane, Sachbücher und Biographien. Lesen Sie das Buch erst einmal schnell, um ein grundlegendes Verständnis zu erlangen. Wenn es gerechtfertigt erscheint, so lesen Sie es dann nochmal. Dieses Vorgehen hilft Ihrem Gehirn, die Fähigkeit zu entwickeln, sich einer Vielzahl verschiedener Umstände anzupassen und viele Informationen zu ordnen. Ihr Intellekt wird davon profitieren.

Urteilsfähigkeit

Gute geistige Auffassungsgabe nützt nichts ohne gute Urteilsfähigkeit. Nichts kann die Fähigkeit ersetzen, richtig und falsch zu unterscheiden. Wenn die Wasseroberfläche aufgewühlt ist, kann sie das Licht des Mondes nicht korrekt widerspiegeln. Vielmehr wird der Mond zerstückelt. Wenn Ihr Geist erst einmal ruhig geworden ist, können Sie alles richtig beurteilen.

Einmal geriet ein altes Haus in der Nähe meiner Heimatstadt in Brand. Sein Besitzer saß im Wohnzimmer gerade am Schreibtisch, als schwarzer Rauch durch die Decke drang. Instinktiv trug er sofort den klobigen Schreibtisch, an dem er gerade schrieb, nach draußen. Als er wieder ins Haus wollte, wurde er von den Flammen abgehalten, und all seine wertvolle Habe war verloren. Er hätte anstelle des alten Tischs zumindest ein wirklich wertvolles Stück retten können. Aber vom

Feuer überrascht war er so verstört, daß er für diesen Moment seine Urteilsfähigkeit verloren hatte.

Lassen Sie mich an dieser Stelle das Sitzen mit KI (KI-Meditation) besprechen. Dies ist eine Methode, um eine gute Urteilsfähigkeit zu entwickeln.

Das Universum ist ein endloser Raum mit endlosem Radius. Es ist nach links und rechts ebenso unendlich wie nach oben und unten. Wenn Sie einen Schritt nach rechts machen, wird es in dieser Richtung durchaus nicht um einen Schritt kürzer. Es bleibt unendlich. Sie sind das Zentrum des Universums. Wenn Sie den unendlichen Raum verdichten, wird er zu Ihrem Körper. Weiter verdichtet wird er zum Einen Punkt im Unterbauch.

Dieser Eine Punkt hat keinen bestimmten Durchmesser und kann unendlich verkleinert werden. Wenn etwas existiert, muß die Hälfte davon auch existieren. Wenn man ihn also unendlich oft um die Hälfte verdichtet, wird er doch niemals null. Machen Sie also den Einen Punkt im Unterbauch unendlich klein. Üben Sie dies in Gedanken fünfzehn Minuten lang vor dem Schlafengehen mit geschlossenen Augen in *seiza*. Selbst wenn der Punkt so klein wird, daß Sie sich ihn nicht mehr vorstellen können, müssen Sie trotzdem damit fortfahren, ihn immer kleiner werden zu lassen. Hören Sie nicht auf, nur weil Sie ihn nicht fühlen können. Und wenn Sie ihn verlieren, brauchen Sie nicht von vorn anzufangen. Kehren Sie einfach an den Punkt zurück, wo Sie aufgehört haben, und halbieren Sie den Punkt immer weiter.

Selbst wenn Sie eine Welle unendlich ruhig machen, ist sie trotzdem noch existent. Sie verschwindet nicht, sondern wird nach und nach immer ruhiger. Dies ist lebendige Ruhe; sie ist äußerst beharrlich und unendlich kraftvoll. Wenn sie anhält, null wird, verliert sie ihre ganze Kraft. Das ist tote Ruhe. Die beiden sind vollständige Gegensätze. Wenn ein Kreisel sich sehr schnell dreht, erscheint er ruhig, aber wenn man ihn berührt, springt er weg. Das ist lebendige Ruhe. Wenn Sie ihn jedoch in der Bewegung anhalten, liegt er bewegungslos. Das ist tote Ruhe.

Wenn Sie den Einen Punkt im Unterbauch bewahren, werden Ihre Gehirnwellen unendlich ruhig. In diesem Zustand kann der Geist alles ganz klar widerspiegeln. Daraus folgt auf natürliche Weise ein korrektes Urteil und die Fähigkeit, auf wechselnde Umstände schnell zu reagieren. Ein Student, der eine Prüfung abzulegen hat, sollte nicht nur sein Fach beherrschen, sondern auch seinen Geist, der dazu neigt, im Prüfungsraum hin und her zu hüpfen. Wenn er dann die Prüfungsaufgaben versteht und richtig beurteilt, hat er Erfolg. Zehn bis fünfzehn Minuten KI-Meditation nach dem Lernen werden seinen Bemühungen die Krone aufsetzen und ihm helfen, wahrhaft intelligent zu werden.

Erinnerungsvermögen

Wenn das Objektiv einer Kamera richtig eingestellt ist, nimmt sie auch gute Bilder auf. Das gleiche gilt für das Gehirn. Die Augen arbeiten wie die Linse einer Kamera. Wenn Sie die KI-Meditation lernen und Ihren Geist ruhig halten, strömt auf natürliche Weise KI nach außen. Das KI der Augen konzentriert sich auf das Buch, und dessen Inhalt wird im Gehirn gespiegelt. Wenn Sie ein Buch lesen und dabei Ihr KI zurückziehen, strömt auch kein KI durch die Augen nach außen, und entsprechend wird im Prüfungsraum kein Wissen aus Ihrem Geist fließen, selbst wenn Sie dachten, Sie hätten die Sache beherrscht. Gewöhnen Sie sich an, lieber kurze Zeiten in Einheit von Geist und Körper zu lernen statt halben Herzens über lange Zeit. Wollen Sie etwas im Gedächtnis behalten, so schreiben Sie es auf. Denn was Sie schreiben, bleibt in Ihrem Gedächtnis lebendig.

Jeder von uns erlebt in seinem Leben mehrere Momente, in denen er sich entscheiden muß. Gehen Sie nach rechts, so erscheint plötzlich die linke Seite verlockender, und gehen Sie nach links, dann sieht die rechte wieder besser aus. Wenn der Geist steckenbleibt, kann er zu keiner Entscheidung gelangen. Üben Sie an einer solchen Weggabelung eine oder zwei Stunden lang intensiv KI-Meditation. Dann werden Sie Ihr Problem lösen können. Aber wenn Sie sich einmal entscheiden, dann bleiben Sie auch dabei, und führen Sie Ihre Pläne aus, ohne noch weiter zu zögern.

4 – So stärken Sie Ihr KI

Das absolute Universum ist eins. Dann traten zwei widerstreitende Kräfte auf, die sich auf unendliche Weise miteinander verflochten, und die relative Welt war erschaffen. Im Osten nennt man dies Yin und Yang, im Westen Plus und Minus. Nichts ist geboren, nichts vergeht. Nichts ist schmutzig, nichts ist sauber. Nichts vermehrt sich, nichts vermindert sich, es gibt weder gut noch schlecht. Diesen ursprünglichen Zustand des Universums nennt man KI.

Elektrizität existiert überall. Aber wenn diese Elektrizität im Kraftwerk manifest wird, entsteht immer plus und minus. Dasselbe geschieht mit dem ursprünglichen KI des Universums. In dem Moment, wo es in unser Gehirn eintritt, wird es plus und minus. KI selbst ist weder stark noch schwach. Aber wenn Sie es positiv gebrauchen, erhalten Sie starkes KI, und wenn Sie es negativ gebrauchen, schwaches.

Als Kind war ich körperlich sehr schwach. Aber mein KI war noch schwächer. Also wollte ich mein KI stärken. Eines Tages las ich die Geschichte eines berühmten Samurai, Tokugawa Ieyasu. Er hatte ganz Japan unter seiner Herrschaft. Aber in seinem ersten Krieg war er so unruhig, daß er sogar anfing zu zittern. Seine Soldaten waren enttäuscht. Als sich die Armee jedoch dem

Schlachtfeld näherte, wurde er ruhiger, und angesichts des Feindes war er ganz ruhig. Seine Soldaten waren wieder sehr zufrieden. Als ich diese Geschichte gelesen hatte, verstand ich: „Selbst Ieyasu war schwach. Aber er hat gegen diese seine Schwäche gekämpft und sie besiegt. Also kann ich es auch."

Wer schon von Natur aus sehr stark ist, ist nicht so sicher in diesem Punkt. Im Krieg in China war einer meiner Leute sehr groß und stark. Er hatte noch nie einen Kampf verloren und sagte von sich, er hätte vor nichts Angst. Alle respektierten ihn. Als wir jedoch einmal nachts in kleinen Gruppen gehen mußten, wurden wir von einer großen Übermacht umzingelt und hart bedrängt. Wir konnten knapp entkommen, aber am nächsten Tag hatte der Mann 40 Grad Fieber. Er hatte vor nichts Angst gehabt, weil er es immer nur mit Schwächeren zu tun gehabt hatte. Aber angesichts von etwas Stärkerem hatte er allen Mut verloren. Leute wie er sind im Ernstfall ohne Nutzen. Wahre Stärke ist nicht die relative, sondern die absolute Stärke, das heißt die Stärke, die daraus entspringt, daß man seine Schwäche erkennt und überwindet.

Wenn Sie einen Gegenstand beleuchten, erscheint eine Seite von ihm hell. Das nennt man Yang oder Plus. Die andere Hälfte ist dunkel. Das nennt man Yin oder Minus. Der Gedanke, daß Gott liebt und Buddha barmherzig ist, ist wahr. Aber zu denken: „Nein, das glaube ich nicht. Das Universum ist gnadenlos", ist genauso richtig. Das sind nur unterschiedliche Meinungen. Keiner kann sagen, welche wahr ist. Aber jeder kann sich für die Meinung entscheiden, die er vorzieht.

Wenn Sie also ein strahlendes, glückliches und gesundes Leben führen wollen, dann nehmen Sie besser die Plus-Seite. Wollen Sie aber ein negatives, dunkles, schwaches und ungesundes Leben führen, dann nehmen Sie besser die Minus-Seite. Menschen mit schwachem KI haben die Angewohnheit, die negative Seite zu sehen. Bei Prüfungen denken sie: „Wahrscheinlich falle ich durch", wenn sie krank werden: „Vielleicht sterbe ich", und selbst wenn sie jemanden lieben: „Habe ich denn überhaupt das Recht, glücklich zu sein?" usw.

Stellen Sie sich zum Beispiel ein schwaches Kind vor, nennen wir es A. Wenn Sie es schimpfen: „Wie schwach du doch bist. Du mußt versuchen, stärker zu werden!", so legen Sie in sein Unbewußtes die Idee „Ich bin schwach". So machen Sie es noch schwächer.

Wie können Sie es aber stärker machen? Lassen Sie es zuerst den unbeugbaren Arm probieren:

A legt all seine Kraft in den Arm. B versucht, A's Arm zu beugen. Solange A Kraft anwendet, wird B leichten Erfolg haben.

Dann entspannt A sich vollkommen und denkt, sein KI fließe unendlich weit durch seinen Arm. Jetzt wird es B nicht gelingen, A's Arm zu beugen.

Das ist „KI fließen lassen". Um KI fließen zu lassen, genügt es zu denken, daß KI fließt. Das heißt „den Geist positiv gebrauchen". Durch dieses Experiment wird A von seiner eigenen Kraft überrascht sein. Dann können Sie ihm sagen: „Wieviel Kraft du doch hast. Aber bisher hast du sie nicht benutzt, weil du dein Denken falsch benutzt hast. Also versuche von jetzt an, immer diese Kraft zu benutzen. Sage nie: 'Ich kann das nicht'. Bevor du etwas tust, sage immer: 'Das kann ich', und dann tu' es. Wenn du Geist und Körper zusammenhälst, kannst du sagen, du hast dein Bestes versucht. Und wenn du dein Bestes versucht hast und es trotzdem nicht gekonnt hast, dann kannst du sagen: 'Ich habe es nicht gekonnt'."

Wenn A dies versteht und es versucht, kann er leicht stark werden. Manche Menschen haben jedoch zu viel negatives Material in ihrem Unterbewußten und werden dann später doch wieder negativ. Daher muß man das Unterbewußte ganz und gar verändern. Im Wachzustand regiert das Bewußtsein, beim Schlafen das Unterbewußtsein. Diese Tatsache muß man dabei ausnutzen.

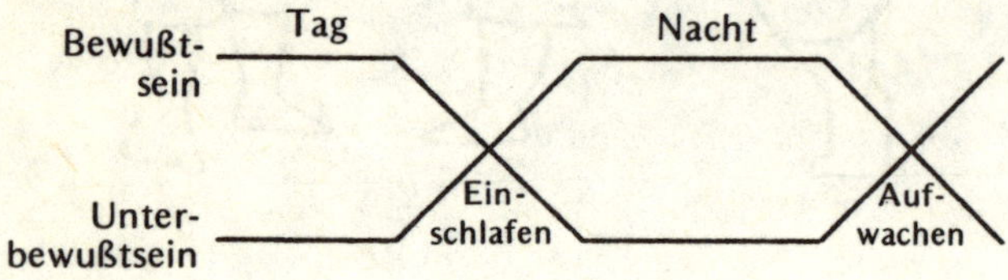

Der bewußte und der unbewußte Bereich wechseln sich nicht hundertprozentig ab. Ein Teil der Eindrücke, die auf Sie vor dem Schlafengehen wirken, gehen ins Unterbewußte. Wenn zum Beispiel jemand normalerweise morgens lange schläft, kann er trotzdem von selbst auch schon um drei Uhr aufwachen, wenn er etwa zum Angeln gehen will. Der Gedanke an sein Hobby, den er vor dem Schlafengehen gehegt hat, weckt ihn am Morgen auf.

In gleicher Weise können Sie sich vor dem Schlafengehen vor den Spiegel stellen und sich sagen: „Du läßt KI fließen", oder: „Du hast starkes KI". Das ist eine Methode, die ich von Tempu Nakamura gelernt habe.

Da Sie das nicht nur zu sich selbst, sondern auch zu Ihrem Spiegelbild sagen und das Spiegelbild Sie wiederum mit Augen, Ohren und Ihrer ganzen Konzentration anspricht, verdoppelt sich die Wirkung. Sie geben dem Spiegelbild den Befehl, Ihr Spiegelbild gibt Ihnen den Befehl.

Sagen Sie aber nicht: „Du wirst nicht schwach sein." Allein schon das Wort 'schwach' ist ein schlechter Einfluß. Und danach gehen Sie ins Bett, ohne noch irgend etwas anderes zu tun. Das würde die Suggestion sehr schwächen. Und sagen Sie sich nur eine Sache. Mehrere auf einmal sind nicht wirksam.

Um eine schlechte Angewohnheit zu ändern, brauchen Sie höchstens sechs Monate, aber Sie müssen es jeden Abend machen.

Wenn Sie in eine Tasse Tee einen Tropfen Wasser geben, wird das anscheinend gar nichts ändern. Aber hören Sie nicht auf damit. Wenn Sie nämlich einen Tropfen hineintun, so hat auf jeden Fall dieser eine Tropfen das Ganze schon um diesen einen Tropfen verändert. Und wenn Sie lange genug weitermachen, können Sie schließlich sauberes Wasser daraus machen.

Das gilt gleichermaßen für das Unterbewußte. Auch es wird sich mit Sicherheit ändern.

5 – So bleiben Sie Menschen gegenüber ruhig

Jemand sollte einmal vor einer großen Zuhörerschaft sprechen. Er schrieb seine Rede zu Hause sorgfältig auf, übte sie ein und ging dann in den Saal. Als er aber auf das Podium stieg, fühlte er alle Blicke des Publikums wie Pfeile auf sich gerichtet. Sofort schoß ihm das Blut in den Kopf, und er sah nur noch schwarze Schatten. Er kämpfte mit einem Kloß im Hals und stammelte: „Ich, ich. . ." Dann kam nichts mehr. Mit Mühe brachte er noch die Worte „. . . weiß nicht" heraus, dann begann der ganze Saal zu lachen.

Auch in Prüfungen kann es passieren, daß man kein Wort aufs Papier bringt, obwohl man sich jahrelang vorbereitet hatte. Andere können zwar die Fragen beantworten, vergessen aber in der Aufregung, ihren Namen oder ihre Nummer auf das Blatt zu schreiben. Und jeder kennt Menschen, die rot werden, wenn sie anderen gegenüberstehen, die kein Wort herausbringen und einem auch nicht in die Augen sehen können. Rot werden sie, weil ihnen das Blut in den Kopf steigt. Wenn sie versuchen, sich zu beruhigen, nützt das gar nichts. Wie kann man also ruhig bleiben? Lassen Sie mich dazu zunächst erklären, warum die Leute nicht ruhig bleiben können.

Übung 1
A streckt seinen Arm nach vorn, entspannt sich und denkt das Gewicht des Armes nach unten gerichtet. B wird vergeblich versuchen, den Arm nach oben zu drücken. Denkt A jedoch das Gewicht an der Oberseite des Armes, kann B ihn leicht anheben.

Übung 2
A hält beide Arme seitlich am Körper und denkt ihr Gewicht nach unten gerichtet, d.h. in den Fingerspitzen. Es wird B nicht gelingen, einen der Arme nach oben zu drücken. Wenn A sich hingegen auf den Scheitel konzentriert, wird dies B keine Mühe bereiten.

Der Geist bewegt den Körper. Wenn Sie denken, daß das Gewicht Ihres Armes nach unten gerichtet ist, dann wird es sich auch so verhalten, und es wird nicht möglich sein, den Arm hochzuheben. Jeder weiß, daß das Gewicht aller Gegenstände nach unten weist. Auch Ihr Körper ist ein Gegenstand; wenn Sie also nichts tun und sich entspannen, ist Ihr Gewicht auf ganz natürliche Weise unten.

Ist das Gewicht eines Gegenstandes nach unten gerichtet, so befindet er sich im Zustand der Ruhe. Der Mensch ist in seinem Wesen ruhig, doch hat er oft die schlechte Angewohnheit, sein Gewicht nach oben zu verlagern. Daher besteht im allgemeinen die falsche Annahme, es sei dem Menschen natürlich, unruhig zu sein, und wer ruhig bleiben kann, wird als übermenschlich angesehen.

Wenn Sie also ruhig und besonnen bleiben wollen, müssen Sie zuerst daran glauben, daß die Ruhe der natürliche Zustand ist. Es hat keinen Sinn, sich auf übernatürliche Dinge zu verlassen.

Nur Sie selbst können sich dafür entscheiden, daß Sie in Ruhe sind. Dann können Sie auch wirklich ruhig werden.

Wenn Ihr KI nur schwach fließt und Sie nicht glauben können, daß Sie ruhig sind, so üben Sie jeden Abend vor dem Schlafengehen zehn bis zwanzig Minuten lang KI-Meditation. Ihre Gehirnwellen werden allmählich unendlich ruhig, und so können Sie die Erfahrung der Ruhe machen. Durch die KI-Meditation gelangen Sie auf ganz natürliche Weise in den Zustand der Ruhe. Diese Ruhe dringt dann in Ihr Unterbewußtsein, und Sie werden feststellen, daß Sie danach auch in schwierigen Situationen ruhig bleiben können.

Wenn Sie eine Rede halten oder eine Prüfung ablegen müssen, können Sie auf folgende Weise leicht feststellen, ob Sie ruhig sind oder nicht:

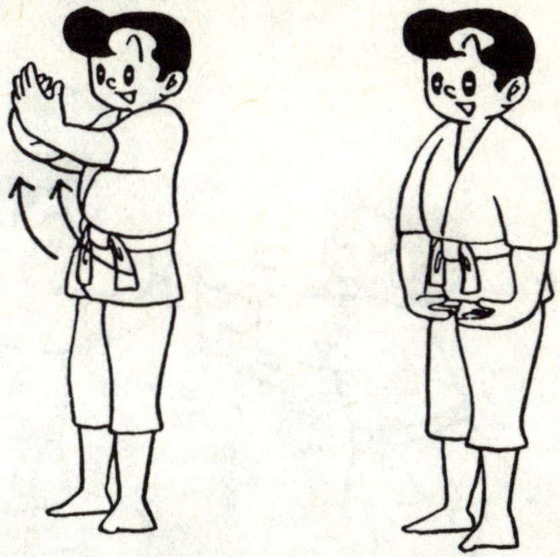

Übung 3
A stellt seine Füße ein wenig auseinander, seine Arme sind seitlich, seine Handgelenke nach vorn gebeugt. Er entspannt die Arme und schwingt sie dann bis in Augenhöhe. Nach dem fünften Mal läßt B ihn in dieser Position anhalten und drückt an den Händen.

A fällt nach hinten, weil beim Nach-oben-Schwingen der beiden Arme auch das Gewicht nach oben gerichtet ist. Dadurch bewegt sich der Eine Punkt im Unterbauch ebenfalls nach oben, und A's Haltung wird schwach.

Übung 4
B hält mit der rechten Hand die Fingerspitzen von A's rechter Hand und hilft ihm, die Arme ganz entspannt zu schwingen. Beim fünften Mal läßt er ihn anhalten und läßt seine Finger vorsichtig los. Wenn sich A's Finger auch nur ein wenig bewegen, wird B ihn umdrücken können. Bewegen sie sich aber nicht, wird ihm dies nicht gelingen, selbst wenn er beide Hände benutzt oder A gar auf nur einem Bein steht.

Der Körper ist das Spiegelbild des Geistes. Wenn der Geist vollkommen ruhig ist, ist der Körper auch ruhig. Man kann den Geist selbst zwar nicht sehen, aber man kann sehen, in welchem Zustand er sich befindet, indem man den Körper beobachtet. Wenn auf das Zeichen „Stop" A's Finger ganz ruhig sind, ist der Geist ebenfalls ruhig. Dies nennt man den Zustand der Ruhe. Wenn jemand ruhig ist, sind sowohl der Geist als auch der Körper unbeweglich.

Bevor Sie also das Podium betreten, sollten Sie diese Übung für sich machen und prüfen, ob Ihre Finger vor Ihren Augen ruhig anhalten. Wenn Ihre Finger ruhig sind, ist Ihr Geist unbeweglich. Schöpfen Sie aus dieser Erkenntnis Kraft, und besteigen Sie das Podium mit Selbstvertrauen. Die Gesichter im Zuschauerraum werden klar erkennbar sein.

Wenn tausend Zuhörer anwesend sind, brauchen Sie nicht alle anzusehen. Suchen Sie sich einen in der Richtung aus, in die Sie schauen, und sprechen Sie zu ihm. Wenn Sie die Augen bewegen, so sprechen Sie zu einer anderen einzelnen Person. Wenn einer Sie versteht, ist es wahrscheinlich, daß alle Sie verstehen. Wenn Sie feststellen, daß auch nur einer Sie nicht versteht, so sprechen Sie klarer und einfacher.

So macht es keinen Unterschied, ob Sie zu einem Menschen sprechen oder zu tausend. Das ist Ruhe.

Machen Sie diesen Test auch auf dem Weg in eine Prüfung, und überprüfen Sie Ihre Finger. Wenn Sie ruhig sind, brauchen Sie keine Angst zu haben und können sich leichten Herzens ans Werk machen. Denn Sie werden wirklich ruhig sein und die Prüfungsaufgaben klar verstehen.

Allerdings müssen Sie dies sehr oft üben. Wenn Sie es

nämlich erst dann zum ersten Mal machen, wenn Sie in einer schwierigen Lage sind, können Sie Ihre Finger nicht ruhig anhalten. Um Ihre Finger ganz und gar still halten zu können, müssen Sie jeden Tag üben. Dann werden Sie es auch können, wenn es darauf ankommt.

Lassen Sie mich nun beschreiben, wie Sie Ihre Finger ruhig machen können. Falls sie zittern, so verstärken Sie diese Bewegung erst einmal und schütteln sie erst recht gründlich aus, und zwar ganz konsequent zehn bis zwanzig Sekunden lang und so kräftig wie möglich. Dann halten Sie die Bewegung ganz ruhig an. Lassen Sie jetzt die Hände bis in Augenhöhe schwingen, und die Finger werden vollkommen ruhig werden. Wenn Sie die Finger schnell ausschütteln, entspannen Sie sich auf natürliche Weise entsprechend dem zweiten der Vier Grundprinzipien der Vereinigung von Geist und Körper. Wie ich ja schon erklärt habe, sind die restlichen Prinzipien ebendann automatisch erfüllt, wenn Sie eines der vier beachten. Wenn Sie also das zweite erfüllen, so erfüllen Sie auch das erste, dritte und vierte. Da Ihre Finger ganz und gar ruhig sind, werden Sie sagen können: „Ich bin ganz ruhig."

Üben Sie das jeden Tag, und bald können Sie auch ohne diese Übung ruhig bleiben, denn Ruhe ist der natürliche Zustand des Menschen.

Wenn Sie leicht rot werden, sollten Sie jeden Abend KI-Meditation üben. Selbst wenn Sie denken, Sie seien ruhig, schießt Ihnen das Blut ohne Ihr Zutun ins Gesicht. Und dadurch, daß Sie rot werden, ist Ihnen die Situation umso peinlicher.

Wenn man Ihren Einen Punkt mit einem Bild vergleichen kann, das man mit einer Stecknadel an der Wand befestigt, so wird es schnell verloren gehen.

Wird es mit Hilfe eines Bohrers angebracht, bleibt es fest. Den Einen Punkt unendlich klein werden zu lassen ist vergleichbar mit einem starken Elektrobohrer. So kann Ihnen das Blut nicht mehr in den Kopf steigen. Das Erröten wird der Vergangenheit angehören. Wenn Sie in einer schwierigen Lage gelassen bleiben, können Sie auch im Streß intelligent handeln.

Wichtig ist, daß Sie daran glauben, daß Sie sich entwickeln können.

Sie können auch hier wieder die oben beschriebene Methode anwenden. Stellen Sie sich jeden Abend vor den Spiegel und befehlen Sie sich: „Es stört dich nicht, vielen Leuten gegenüberzustehen", oder: „Du wirst nicht rot." (Sagen Sie aber nicht: „Ich werde. . ." Das ist so, als ob ein anderer spräche und nicht Sie.)

Jeder hat schlechte Angewohnheiten. Wenn Sie eine der Ihren nicht mögen, so beseitigen Sie sie mit dieser Methode. Wenn Sie aufhören wollen zu rauchen, so sagen Sie sich eben: „Du kannst Rauchen nicht ausstehen!"

6 – So heilen Sie Krankheiten

Der Mensch ist ein Teil des KI des Universums, eingeschlossen in einen Körper. Daher können Sie gesund und kräftig bleiben, wenn Sie KI fließen lassen. Krank sein heißt, das Ihr KI weniger stark fließt. Ihre Lebenskraft ermattet, und so wird die Krankheit schwerer und zieht sich in die Länge.

„Lasse ein Leiden des Körpers nicht auch ein Leiden des Geistes werden", lautet ein altes japanisches Sprichwort.

Ihre Lebenskraft heilt eine Krankheit ganz schnell, wenn Sie nur einen starken Willen behalten, der KI ausstrahlt. Wenn Sie sich aber wegen ein paar kleiner Kopf- oder Magenschmerzen gleich Sorgen machen, ziehen Sie die Krankheit geradezu an. Wenn Sie denken, Sie werden sich erkälten, werden Sie auch wirklich Fieber bekommen und für drei oder vier Tage ins Bett müssen. Denken Sie lieber: „Ich will mich nicht erkälten und werde es auch nicht." Dann bleiben Sie gesund, selbst wenn Sie nahe daran sind, krank zu werden.

An jedem dritten Januar gehe ich mit dreihundert Schülern an den Kinu-Fluß im Norden Tokyos, um dort *misogi* zu praktizieren. In Badekleidung tauchen wir nach einem lauten *kiai* bis zum Hals ins Wasser und bleiben darin vier bis fünf Minuten.

Es ist zu dieser Zeit so kalt, daß wenn Sie ein nasses Handtuch ans Ufer legen, es an den Steinen festfriert. Aber keiner erkältet sich dabei. Die Teilnehmer sind zwischen neun und siebzig Jahre alt. Nach diesem Bad erkälten sie sich das ganze Jahr über nicht. Denn sie denken sich: „Mitten im Winter habe ich mich im eisigen Fluß nicht erkältet, warum sollte ich es also in warmer Kleidung und in einem warmen Zimmer?"

Wenn Sie sich diese Art zu denken zu eigen machen, brauchen Sie nicht einmal im Winter in den Fluß zu steigen, um gegen Erkältungen immun zu sein.

Nehmen wir an, Sie haben Schmerzen im Brustraum. Sie gehen zum Arzt, und er sagt, es sei nichts. Sie werden ängstlich und bezweifeln seine Fähigkeiten. Sie gehen zu einem anderen Arzt und sind erleichtert, wenn er Ihnen eröffnet: „Sie haben Rippenfellentzündung." Ihr Wunsch ist erfüllt.

Ein Freund kommt dann ins Krankenzimmer zu Besuch. „Rippenfellentzündung muß ja was ganz Schlimmes sein", sagt er. „Ein Freund von mir hatte es auch. Dann kam eine Bauchfellentzündung dazu, und er starb. Nimm dich also in acht." Kann eine solche „Ermutigung" etwas anderes bewirken, als daß Sie die Sache noch negativer sehen?

Wenn Sie schon krank werden und das Bett hüten müssen, dann schwächen Sie nicht auch noch Ihr KI! Üben Sie auch dann, KI auszustrahlen. Wenn seine Lebenskraft aktiv ist, steckt im Menschen eine große Heilkraft.

Einmal ließ ich meinen Körper röntgen. Das Ergebnis sollte auf Videoband aufgenommen werden. Um meinen Magen sichtbar zu machen, nahm ich eine Dosis Barium. Dann bat mich Dr. Ariizumi, meinen Puls zuerst zu beschleunigen und dann zu verlangsamen. Ich tat wie geheißen und hörte aus dem Nebenzimmer, wo einige Leute um das Videogerät saßen, Rufe des Erstaunens. Als ich das Band später sah, war ich selbst beeindruckt. Was war geschehen?

Abb. A Abb. B

Abb. A zeigt die normale Form des Magens. Als ich meine Pulsfrequenz erhöhte, nahm mein Magen die Form wie in Abb. B an und bewegte sich kaum mehr. Bei niedrigem Puls sieht der Magen aus wie in Abb. A und arbeitet kraftvoll. In diesem Fall wird die Nahrung gut verdaut und gelangt aus dem Magen in den Darm. Hat der Magen jedoch die Form B, dann bleibt das Essen dort liegen, der Appetit nimmt ab, und die sich ansammelnde Säure frißt dann fleißig Löcher in die Magenwand.

Auch wenn Sie wütend, besorgt, ängstlich oder traurig sind, nimmt der Magen Form B an, und auf die Eingeweide haben diese Gemütszustände die gleiche Wirkung. Alle anwesenden Ärzte waren von ihren Beobachtungen sehr überrascht und meinten, in Zukunft sollten sie wohl besser nicht mehr wütend werden.

Da der Puls vom autonomen Nervensystem kontrolliert wird, kann man ihn normalerweise nicht willentlich beeinflussen. Meinen jedoch kann ich jederzeit um 20 bis 30 Schläge pro Minute verändern.

Im Jahre 1955 wurde ich eingeladen, anläßlich eines internationalen medizinischen Kongresses in Honolulu einen Vortrag zu halten. Als ich geendet hatte, fragte ein Arzt aus Waipahu die Zuhörer, ob sie es für möglich hielten, daß man allein mit dem Willen seine Pulsfrequenz ändern könne. Alle Ärzte sagten nein. „Dann fühlen Sie bitte Herrn Toheis Puls", sagte ihr Kollege. Ein paar kamen herauf, um sich zu vergewissern. Entsprechend den Anweisungen der Ärzte veränderte ich jeweils augenblicklich meinen Puls. Da sie es selbst fühlten, mußten sie es glauben, waren aber etwas verwirrt, denn sie verstanden überhaupt nicht, wie das möglich war. Sie baten mich also um eine Erklärung.

"Jedermanns Pulsfrequenz erhöht sich, wenn er wütend, ängstlich oder verwirrt ist", sagte ich. „Wenn Sie also denken, daß Sie wütend sind, dann beschleunigt sich Ihr Puls. Wenn Sie dagegen denken, daß Sie so ruhig sind wie morgens beim Aufwachen, wird er langsamer. Sie können Ihren Puls durch die Art und Weise, wie Sie denken, steuern."

Das verstanden sie, aber keiner konnte dadurch seinen Puls beschleunigen. Ich erklärte weiter: „Sie denken zwar, Sie seien wütend, sind es aber nicht wirklich. Und Sie denken zwar, Sie seien ruhig, sind es aber ebenfalls nicht wirklich. Deshalb können Sie Ihren Puls nicht verändern. Sie müssen erst lernen, Ihren Geist zu beherrschen." Es ist natürlich unnötig und auch nicht gerade gut für die Gesundheit, den Puls zu beschleunigen. Aber ihn zu verlangsamen, ist sehr nützlich und wichtig.

Wenn Sie Ihren Geist beherrschen und immer ruhig bleiben, funktionieren alle Organe des Körpers in bestmöglicher Form. Alle Leber-, Nieren- und Herzkrankheiten, hoher Blutdruck und die Zuckerkrankheit sind schwer zu heilen. Manche Leute nehmen fünf oder sechs Arten von Medizin gleichzeitig, aber jede von diesen hat wieder unerwünschte Nebenwirkungen. Wenn man sie daher gewohnheitsmäßig einnimmt, wird man schließlich davon umso mehr krank werden. Wenn Sie also schon Medizin nehmen müssen, sollten sie davon so wenig wie möglich nehmen.

Im folgenden möchte ich Ihnen in diesem Zusammenhang die KI-Atemmethode erklären, die es Ihnen ermöglicht, lange zu leben. Diese Atemübung hat ihren Ursprung in der traditionellen *misogi*-Atmung *nagayo no den.*

(1) Sie sitzen auf den Fersen in Einheit von Geist und Körper (*seiza*). Die großen Zehen liegen übereinander, und zwischen beiden Knien bleibt Raum für zwei Fäuste. Die Hände liegen auf den Schenkeln. Strecken Sie die Hüfte, halten Sie den Einen Punkt, und entspannen Sie den Oberkörper. Wenn jetzt jemand versucht, Sie an der Schulter umzudrücken oder am Knie hochzuheben, werden Sie unbeweglich sitzenbleiben.

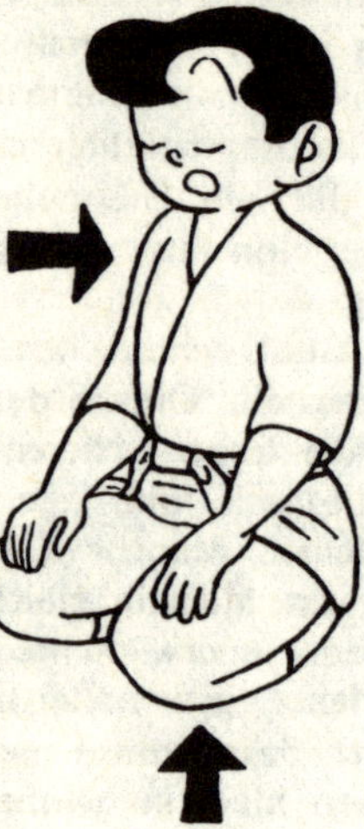

(2) Schließen Sie die Augen, und atmen Sie bei geöffnetem Mund mit dem Laut „ha" leise aus. Wenn Ihr Geist ruhig ist, wird auch Ihr Atem ruhig und geschmeidig sein. Sie können also den Zustand Ihres Geistes am

Geräusch Ihrer Atmung messen. Atmen Sie in dieser Weise bis zum Ende der Ausatmung. Am Schluß neigen Sie sich ein wenig nach vorn und atmen den letzten Rest der Luft aus. Diese Ausatmung dauert etwa 30 Sekunden.

(3) Verharren Sie zunächst ein paar Sekunden in diesem Zustand, dann atmen Sie bei geschlossenem Mund durch die Nase wieder ein. Auch hierbei lassen Sie ein hörbares Geräusch entstehen. Atmen Sie ein, so viel Sie können, und kehren Sie dann in die ursprüngliche aufrechte Haltung zurück; hierbei atmen Sie noch ein wenig mehr ein. Dies dauert ungefähr zwanzig Sekunden.

(4) Bewahren Sie nach dem Einatmen den Einen Punkt und warten Sie zehn Sekunden. Dann atmen Sie wieder aus.

Wiederholen Sie diese Übung. Anfangs werden Sie Ein- und Ausatmung zusammen auf nur zwanzig oder dreißig Sekunden ausdehnen können. Eine Minute können Sie nur erreichen, wenn Sie den Einen Punkt halten und sich vollkommen entspannen. Aber durch Übung können Sie alles erreichen.

Der Mensch stellt aus der Nahrung, die er zu sich nimmt, durch Verbrennung Energie her. Dadurch bleibt er am Leben. Da er für die Verbrennung Sauerstoff benötigt, atmet er. Nach der Verbrennung der Nahrung müssen wiederum Abfallprodukte wie Kohlendioxid ausgeschieden werden. Das ist der ganze Sinn und Zweck der Atmung.

Die Menschen in unserer modernen und verwickelten Welt jedoch werden ängstlich und depressiv, und ihre Arterien ziehen sich zusammen. Da die Arterien aber die Aufgabe haben, den Sauerstoff der Luft von den Lungen in den Körper zu transportieren, können sie so ihre Aufgabe nicht mehr voll erfüllen. Gleichermaßen wird der Rücktransport des Kohlendioxids zu den Lungen behindert. Folglich verbrennt der Körper durch die in hoher Konzentration zurückbleibenden Abfallstoffe unvollständig, und diese unvollständige Verbrennung verursacht Krankheiten. Die Lebenskraft der jungen Leute bleibt dabei noch relativ stark. Aber in den mittleren Jahren beginnen dann die Krankheiten der Leber, der Nieren und des Kreislaufs Schwierigkeiten zu bereiten.

Daher ist das erste, was man zu tun hat, durch die KI-Atmung wieder eine vollständige Verbrennung zu gewährleisten. Nun gibt es in der ganzen Welt zwar vielerlei Atemtechniken, aber diese betreffen nur die „äußere Atmung", wie ich sie nenne. Äußere Atmung ist das Einatmen in die Lunge und das Ausatmen aus der Lunge. Innere Atmung dagegen bedeutet, über den Blutkreislauf Sauerstoff in jeden Teil des Körpers zu schicken und Kohlendioxid sowie andere Abfallstoffe zu den Lungen zurückzubringen.

Die Lunge hat eine Kapazität von 3000 bis 4000 ccm, das Atemvolumen ist aber nur 700 bis 800 ccm. Da also immer verbrauchte Luft in der Lunge verbleibt, ist es notwendig, sehr tief zu atmen.

Wenn Sie nur am Luftaustausch in der Lunge interessiert sind, sind vier oder fünf tiefe Atemzüge genug. Das Wichtige ist aber die innere Atmung. Bringen Sie Geist und Körper in Einheit, entspannen Sie sich vollkommen, öffnen Sie alle Blutbahnen, atmen Sie frische Luft ein, schicken Sie den Sauerstoff in jeden Teil des Körpers, holen Sie das Kohlendioxid zurück in die Lungen, und atmen Sie aus. Machen Sie diese Atemübung 30 oder 40 Minuten lang, und der Sauerstoff wird in jeden Körperteil gelangen und vollständig ausgenutzt werden.

Das Blut benötigt etwa zwanzig Sekunden, um durch den ganzen Körper zu gelangen; während einer Minute geschieht dies also drei Mal. So wird unser Körper gefüllt mit frischem KI, und auch die Haut bleibt durch den verbesserten Stoffwechsel ohne Falten. Auf diese Weise können Sie jung und gesund bleiben. Die KI-Atmung ist die beste Medizin, um frisch und voller Energie zu bleiben.

Die Leber ist eine Ansammlung von Blutgefäßen, erhöhte Sauerstoffzufuhr verbessert also ihre Funktion. Durch drei oder vier Wochen ernsthafter Atemübung können die meisten Leberbeschwerden beseitigt werden. Wenn die Leber gut funktioniert, können mehr Abfallstoffe aus dem Blut entfernt werden, und die Nieren sind weniger stark belastet. Daher werden durch diese Übung auch Nierenbeschwerden gebessert. Und wenn Leber und Nieren gut arbeiten, hat der ganze Körper Nutzen davon. Daher kommt die Redensart in Japan: „Das wichtigste ist eine gesunde Leber und gesunde Nieren."

Es ist einsichtig, daß ein verbesserter Blutkreislauf auf natürliche Weise auch Hoch- und Niederdruckprobleme beseitigt. Wer aber Schwierigkeiten mit dem Herz hat, sollte nicht zu lange atmen. Halten Sie den Einen Punkt, entspannen Sie sich vollkommen, und atmen Sie so ruhig als möglich ein und aus. Alle Kranken atmen rauh und kurz. Aber durch ruhige Atmung können Sie den Rhythmus verlängern, und wenn Sie wieder normal (und lange) atmen können, sind Sie wieder gesund.

Wenn Sie Schwierigkeiten haben, in *seiza* zu sitzen, können Sie auch einen Stuhl benutzen. Wenn Sie aber zu weit hinten auf dem Stuhl sitzen, werden Sie dazu neigen, gebeugt zu sitzen, und es wird schwierig, den Einen Punkt zu bewahren. Setzen Sie sich also aufrecht auf die vordere Kante.

Wer krank im Bett liegen muß, kann die Atemübung auch auf dem Rücken liegend machen. In diesem Fall atmen Sie aus, so viel Sie können, warten ein paar Sekunden und atmen dann so viel als möglich durch die Nase ein. Warten Sie daraufhin erneut ein paar Sekunden, bevor Sie wieder ausatmen.

Denken Sie beim Atmen an nichts anderes. Schicken Sie mit dem Atem Ihr KI in jeden Teil des Körpers, und stellen Sie sich vor, daß Sie alle schlechten Substanzen aus dem Körper herausatmen. So wird Ihre Lebenskraft neu gestärkt, und Sie werden die Ärzte durch eine schnelle Genesung überraschen.

Wenn Sie krank sind, haben Sie sowieso wenig zu tun. Sie können also Ihre Zeit nutzen und Ihren Atem und die Einheit von Geist und Körper üben. Wenn Sie wieder gesund und ins normale Leben zurückgekehrt sind, werden Sie sehen, daß Sie einen großen Nutzen davon hatten.

Diese Atemübung dient ferner dazu, ein Zuviel an Blut aus dem Gehirn fernzuhalten, und sie verhilft zu einem tiefen Schlaf.

Versuchen Sie, die negative Haltung, die normalerweise bei Kranken anzutreffen ist, loszuwerden. Bewahren Sie das Wissen, daß Sie überhaupt nie krank werden können, solange Sie diese Atemübung praktizieren und sich in ständigem Austausch mit dem KI des Universums befinden.

7 – So schlafen Sie gut

In der Hauptsache verbraucht man KI, solange man wach ist und erneuert seinen Vorrat an KI aus dem Universum, wenn man schläft. Kleidung, Nahrung, Obdach, Wasser und Luft sind zum Überleben wohl notwendig, aber keineswegs ausreichend. Denn ohne KI hat der Mensch keine Möglichkeit zu leben.

Auch wenn man noch so viel ißt, kann man ohne Schlaf nicht lange leben. Denn wenn im Schlaf das Gehirn ruhig wird, strömt das KI des Universums in den Körper. Durch den frischen Vorrat an KI sind Sie dann am Morgen, wenn Sie aufstehen, voller Energie. Ist der Schlaf nur leicht, kommt das Gehirn nicht zur Ruhe, und die unregelmäßigen Gehirnwellen behindern die Bereitschaft, KI aufzunehmen. Dann kann man noch so lange schlafen – es wird nicht genügend frisches KI vorhanden sein, um die Lebenskraft wirklich zu erneuern. Man hat dann einen schweren Kopf und fühlt sich den ganzen Tag lang unbehaglich und matt. Auf Dauer wird es auf diese Weise unmöglich, ein glückliches Leben zu führen. Aber wenn Sie am Morgen voller Energie aufwachen und den Tag mit einer positiven Haltung beginnen, können Sie auch insgesamt ein positives Leben führen.

Ein Drittel des Lebens verbringt man schlafend. Aber viele können während der Stunden, die zu diesem Zweck normalerweise zur Verfügung stehen, nicht schlafen. Sobald die Nacht anbricht, werden sie depressiv und nehmen Schlaftabletten, statt sich auf die angenehme Ruhe nach einem harten Arbeitstag zu freuen. Aber diese Art von Drogen sind für das Gehirn keine natürliche Beruhigung, sondern Lähmung.

Wenn Sie erst einmal ein Opfer der Schlaftablettensucht geworden sind, sind Sie nicht mehr in der Lage, Ihren Vorrat an frischem KI aus dem Universum aufzufüllen. Ihre Lebenskraft wird schwach, und Sie werden krank.

Sind Sie aber einmal krank, können Sie wiederum nicht tief schlafen. Sie können so keinen Nachschub an frischem KI empfangen, und die Krankheit wird noch schlimmer. Die beste Medizin für einen Kranken ist also, ihm guten Schlaf zu verschaffen.

Früher hat man gesagt: „Wenn du nicht schlafen kannst, dann gehe ins Bett, schließe die Augen und zähle langsam von eins bis zehn. Wenn du damit fertig bist, fange von vorn an. Dann wirst du bald einschlafen." Das stimmt. Jeder kann von eins bis zehn zählen, ohne das Gehirn anzustrengen, und wenn Sie langsam zählen, werden die Gehirnwellen ruhig, und Sie können einschlafen.

Allerdings war diese Methode besonders deshalb wirksam, weil die Menschen einfach lebten und von Sorgen weniger belastet waren. Aber heute ist man empfindlicher und logischer. Man zweifelt mehr, und daher wird diese Methode für die Menschen von heute nicht mehr so wirksam sein. Was können Sie also tun? Nehmen Sie folgende Methode, mit der Sie jederzeit einschlafen können:

(1) Versuchen Sie nicht einzuschlafen! Wenn Sie das tun, verursacht allein der Gedanke daran eine Welle im Gehirn. Sie können diese Wellen nicht beruhigen, indem Sie gleichzeitig neue erzeugen. Wenn Sie denken: „Wenn ich jetzt nicht bald einschlafe, bin ich morgen bei der Arbeit vollkommen kaputt", bringen Sie Ihren Geist in Aufruhr und können noch schlechter einschlafen.

Letztlich müssen Sie aber schlafen. Und wenn Sie wirklich müde sind, schlafen Sie auch auf ganz natürliche Weise ein. Wenn es Ihnen aber nicht gelingt, einzuschlafen, dann entschließen Sie sich nach einer Weile, diese Nacht eben ohne Schlaf zu verbringen. Fünf Tage ohne Schlaf können lebensgefährlich sein, aber eine Nacht ist überhaupt nicht schlimm.

(2) Es ist langweilig, eine ganze Nacht im Bett wachzuliegen. Das ist verlorene Zeit. Nutzen Sie sie!

(3) Legen Sie sich auf den Rücken, und lassen Sie Arme und Beine in der natürlichen Lage. Dann halten Sie den Einen Punkt.

(4) Stellen Sie sich vor, das Blut fließe vom Einen Punkt im Unterbauch aus in Ihre Zehen. Da der Geist den Körper lenkt, wird der Blutstrom in die Zehen dadurch tatsächlich stärker. Binnen kurzem werden sich Ihre Zehen warm anfühlen.

(5) Wenn Sie spüren, wie die Zehen wärmer werden, werden Sie einschlafen. Und das nächste, was Ihnen bewußt wird, ist: es ist Morgen. . .

Wenn Sie zu viel lernen, sich Sorgen machen oder krank werden, ist der Blutkreislauf behindert, und zu viel Blut bleibt im Gehirn. Als Folge davon ist Ihr Kopf warm, Ihre Hände und Füße jedoch kalt. In diesem Zustand ist es schwer, einzuschlafen. Der Schlaf kommt nur, wenn der Kreislauf im ganzen Körper stark und der Kopf kühl ist. Schicken Sie also das Blut wie beschrieben in die Zehen, und Sie können den Kreislauf des ganzen Körpers anregen. Das Blut, das sich im Gehirn angesammelt hat, verteilt sich wieder, die Gehirnwellen beruhigen sich, und das Ergebnis ist tiefer und gesunder Schlaf.

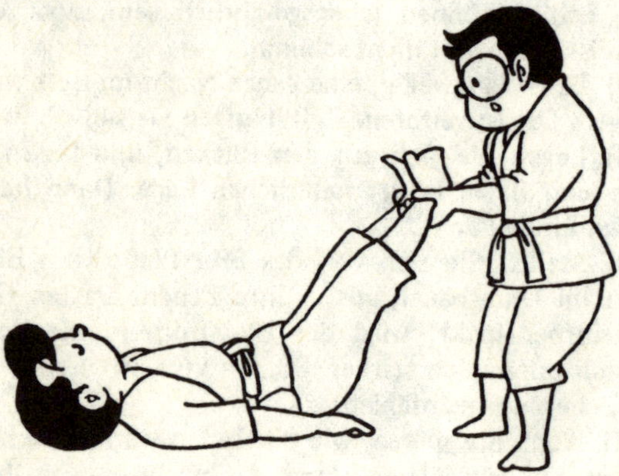

Übung 1
A liegt auf dem Rücken. B hält A's Füße und hebt sie hoch. Wenn A an der Hüfte einknickt und sich nur die Beine nach oben bewegen, denkt A nicht wirklich, daß sein Blut in die Zehen fließt.

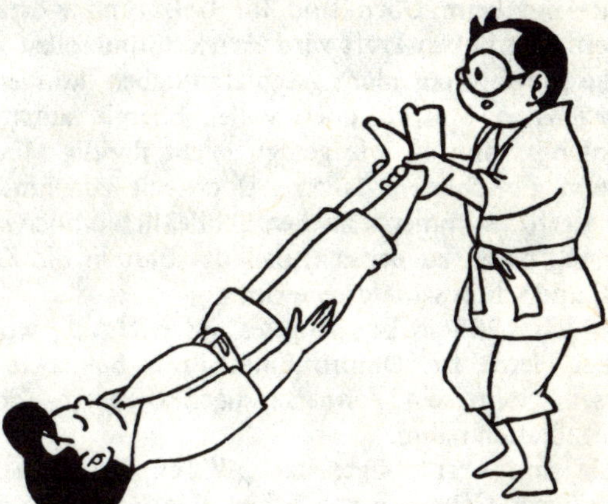

Übung 2
Wenn A wirklich glaubt, daß das Blut in die Zehen strömt, so fließt durch den Körper KI bis in die Zehen. In diesem Fall bewegt sich A wie ein Stock nach oben.

Wenn Sie sich in dem Zustand befinden, der in Übung (2) beschrieben ist, fühlen Sie, wie Ihre Zehen wärmer werden, und Sie können schlafen. Anfangs mag es zehn oder auch dreißig Minuten dauern, bis Sie schlafen, aber Sie sollten in dem Entschluß üben, die ganze Nacht damit zu verbringen, wenn es sein muß. Benutzen Sie diese Zeit, um die Vereinigung von Geist und Körper zu üben. Wenn Sie zehn Minuten üben, erhalten Sie die Kraft aus zehn Minuten Übung, tun Sie es eine Stunde, so genießen Sie den Nutzen aus einer Stunde. Üben Sie die ganze Nacht, so erhalten Sie in der Tat eine Menge Kraft. Und beim Üben sind Ihr Geist und Körper in Einheit. Ihre Lebenskraft wird aktiviert, und selbst wenn Sie die ganze Nacht nicht geschlafen haben, können Sie am nächsten Morgen doch voller Energie aufstehen.

Anfangs kann es, wie gesagt, leicht dreißig Minuten bis zum Einschlafen dauern. Doch mit zunehmender Übung geht es immer schneller. Schließlich brauchen Sie nur noch daran zu denken, daß das Blut in die Zehen fließt, und schon schlafen Sie ein.

Als ich 1965 in Los Angeles unterrichtete, wohnte ich bei Herrn Dr. Omori. Eines Tages bemerkte ich, daß sein Sohn, ein Zahnarzt, nach dem Abendessen Schlaftabletten nahm.

„Sie sind Arzt", sagte ich. „Wissen Sie nicht, daß regelmäßiger Gebrauch von Schlaftabletten dem Körper schadet?"

„Das weiß ich", antwortete er, „aber ich muß, sonst kann ich nicht schlafen. Bisher hat eine genügt, aber inzwischen muß ich zwei nehmen. Ich fühle mich gar nicht wohl."

„Wenn ich Ihnen sagen würde, es gäbe eine Methode, ohne Tabletten zu schlafen, würden Sie die ausprobieren wollen?“

„Aber natürlich!“

„Sie müssen doch morgen nicht arbeiten, oder? Also macht es wohl auch nichts, wenn Sie die ganze Nacht wachbleiben. Versuchen Sie meine Methode, und nehmen Sie keine Tabletten.“

Ich erklärte ihm die Vier Grundprinzipien der Einheit von Geist und Körper und sagte ihm, wie er das Blut in die Zehen schicken kann.

Als ich am nächsten Morgen am Frühstückstisch saß, kam er ins Zimmer: „Eben wache ich auf und sehe, daß es sieben Uhr ist. Ich muß eingeschlafen sein, als ich mein Blut in die Zehen geschickt habe. Mit Schlaftabletten bin ich immer um vier Uhr morgens aufgewacht, und die Nacht war damit vorbei. Heute habe ich ohne Tabletten bis um sieben Uhr geschlafen und fühle mich großartig.“

Seitdem nimmt er keine Schlaftabletten mehr, schläft tief und gut und ist wieder recht gesund.

Ein Sprichwort sagt: „Negativ denken ist so gut wie gar nicht denken.“ Ist man müde, dann verläßt einen das positive Denken, und man neigt dazu, negativ zu denken. Wenn Sie einmal so weit sind, dann schlafen Sie aus, und erfrischen Sie Ihren Geist. Dann denken Sie aufs neue nach. Sie werden sehen: es stellen sich positive Gedanken ein. Wer tief schlafen kann, hat die nötige Kraft, jedwede Schwierigkeit zu überwinden.

Wollen Sie also voller Kraft lange leben, dann üben Sie vor allem, gut zu schlafen. . .

8 – So heilen Sie das Schleudertrauma

Auch wenn man noch so vorsichtig Auto fährt, ist es schwer zu verhindern, von hinten angefahren zu werden. Das Ergebnis ist oft das sogenannte „Schleudertrauma".

Ein amerikanischer Schriftsteller namens Abachian zum Beispiel, der im Kodokan, dem Judo-Hauptdojo, trainiert hatte, zog sich bei seiner Rückkehr nach Los Angeles, wo er heiraten wollte, auf der Autobahn diese Verletzung zu. Ich hatte ihn in Japan schon einmal von einer Knieverletzung geheilt, die er sich beim Judotraining zugezogen hatte. So erwartete er mich schon, als ich nach Los Angeles kam.

Ich behandelte ihn drei Mal in wöchentlichem Abstand mit *kiatsu*, und er war geheilt – und überrascht. Er erzählte mir: „Neun Monate konnte ich nicht arbeiten. Sobald ich anfing zu schreiben, wurde mein Nacken steif wie ein Stock. Auf meine Frage an den Arzt, wann ich wieder gesund werden würde, antwortete er mir, ich solle froh sein, daß ich überhaupt noch lebe."

Das Schleudertrauma kann das schönste Leben zur Hölle werden lassen und dem Betroffenen jede Hoffnung nehmen, je wieder gesund zu werden. Migräne hat eine ganz ähnliche Wirkung. Tabletten können den Schmerz zwar zeitweise lindern, aber dann beginnt die Qual von vorn. Aber sowohl das Schleudertrauma als auch Migräne kann man mit *kiatsu* heilen.

Kiatsu ist von *shiatsu* (auch Akupressur oder Fingerdrucktherapie genannt), dem es zu ähneln scheint, ganz grundsätzlich verschieden. *Shiatsu* wendet auf das betroffene Körperteil Druck an. *Kiatsu* verfolgt den Zweck, KI in die verletzte Stelle strömen zu lassen und so die Lebenskraft zu aktivieren. Wenn eine alte Wasserpumpe kein Wasser mehr fördert, schüttet man als Starthilfe ein wenig Wasser hinein und betätigt dann den Schwengel. Wenn das Wasser dann einmal wieder anfängt zu fließen, geht es von alleine weiter. Ähnlich ist es mit der Lebenskraft. Das Schleudertrauma schwächt die Lebenskraft im Nacken, und der Verletzte ist nicht in der Lage, sie von sich aus zu erneuern. In einem solchen Fall schicken Sie KI durch Ihre Fingerspitzen in die verletzte Stelle und regen die Lebenskraft an. Die verspannten Muskeln lösen sich, und der steife Nacken wird wieder frei beweglich. Die Lebenskraft wird aktiviert, und der Patient wird gesund.

Wie schickt man aber KI durch die Fingerspitzen? Ich möchte dies im folgenden so genau erklären, daß es selbst ein Anfänger durchführen kann.

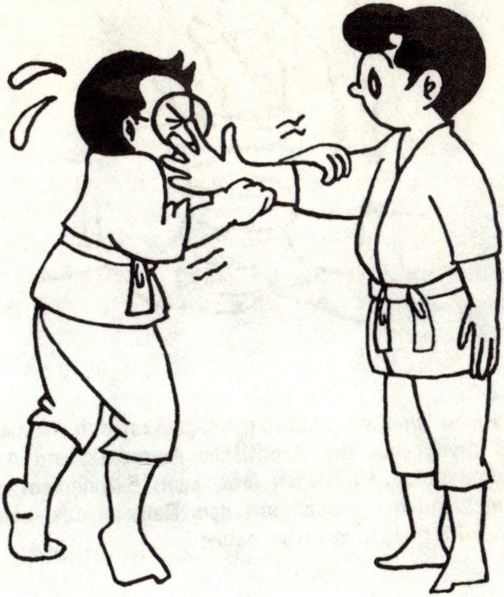

Übung 1
A streckt seinen Arm nach vorn und denkt, sein KI ströme durch den Arm nach außen. B versucht vergeblich, A's Arm zu beugen.

Das ist der „unbeugbare Arm", der uns schon als Beispiel für das vierte der Vier Grundprinzipien der Vereinigung von Geist und Körper („KI fließen lassen") gedient hat. KI strömt nach außen, wenn Sie davon überzeugt sind, daß es strömt.

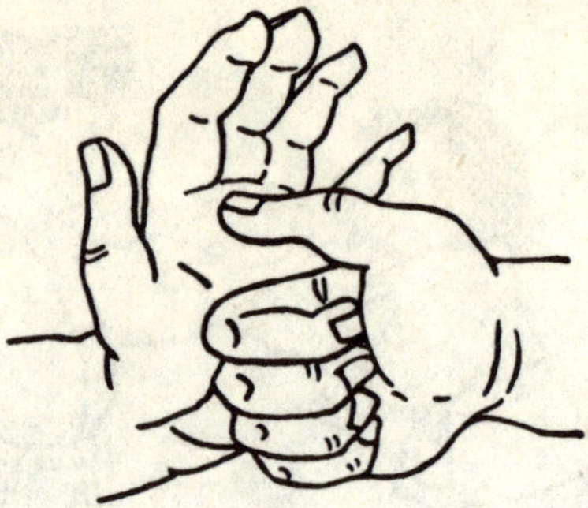

Übung 2
A hält seinen leicht nach außen gebeugten rechten Daumen nach vorn. B drückt mit der Handfläche dagegen. Wenn A durch die Daumenspitze KI fließen läßt, kann B ihn nicht zurückschieben. Wendet A jedoch mit dem Daumen oder dem Arm Kraft an, wird B leichten Erfolg haben.

Das ist der „unbeugbare Daumen“. Wenn Wasser aus einem Schlauch strömt, liegt der stärkste Druck an der Öffnung. In der gleichen Weise fließt KI, wenn man sich auf die Fingerspitzen konzentriert. Wenn A sein KI auf die Daumenspitze konzentriert und an B's Handfläche hält, strömt KI auf ganz natürliche Weise nach außen, und B kann den Daumen nicht zurückschieben. So läßt man auch beim *kiatsu* KI fließen. Das ist mit jedem Finger möglich, und alle können für *kiatsu* benutzt werden.

Übung 3
B sitzt in seiza oder im Schneidersitz. A steht hinter ihm und legt seine Daumen auf B's Schultern, und zwar auf die Punkte genau unter den Ohren. Er drückt zunächst langsam, bis er durch die weiche Partie gelangt ist. Dann läßt er KI fließen, ohne weiter zu drücken.

Wenn B durch die Schultern KI in seinen Körper fließen spürt, wendet A *kiatsu* richtig an. Drückt er mit Kraft, fühlt B einen unangenehmen Schmerz, wenn hingegen KI fließt, spürt er eine Art angenehmen

Schmerz. A sollte *kiatsu* derart lernen, daß er B fragt, wie er sich dabei fühlt.

An welchen Stellen drückt man nun mit *kiatsu*?

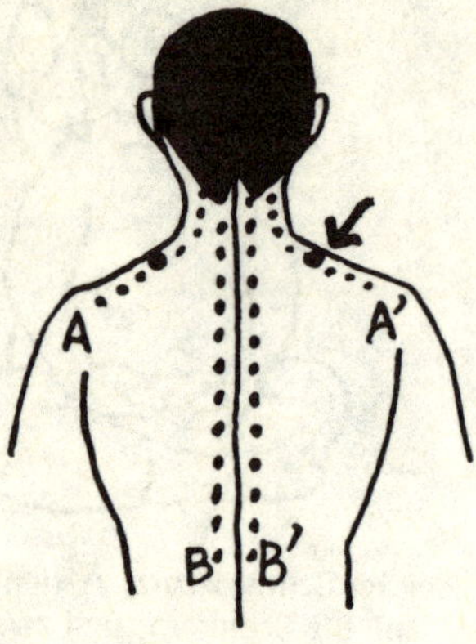

Die Abbildung zeigt die wichtigsten Muskelstränge um die Wirbelsäule und an der Schulter. Auch die Punkte aus Übung 3 liegen auf dieser Linie (s. Pfeil).

A hält B's Kopf mit der linken Hand und drückt auf die Muskeln auf B's rechter Seite mit der rechten Hand. Hält er B's Kopf mit der rechten Hand, drückt er auf die Muskeln der linken Seite mit der linken Hand. Man drückt etwa 15 bis 20 Sekunden auf jedem Punkt. Kneten Sie die betroffene Stelle jedoch nie mit den Fingern, da dies das Gewebe verletzt und später noch größere Schmerzen bereitet. Es geht allein darum, KI in die betreffende Stelle fließen zu lassen, daher sollten Sie, ohne die Finger zu bewegen, so drücken, als wollten Sie einen Reifen aufpumpen.

Man braucht 15 bis 20 Minuten für die Behandlung auf diesen Linien. Nun beugt A B's Nacken, sodaß er ihn wieder frei bewegen kann. Ansonsten würde er weiterhin Schmerzen verspüren. Er sollte ihn jedoch nicht zwingen; das wäre zu schmerzhaft.

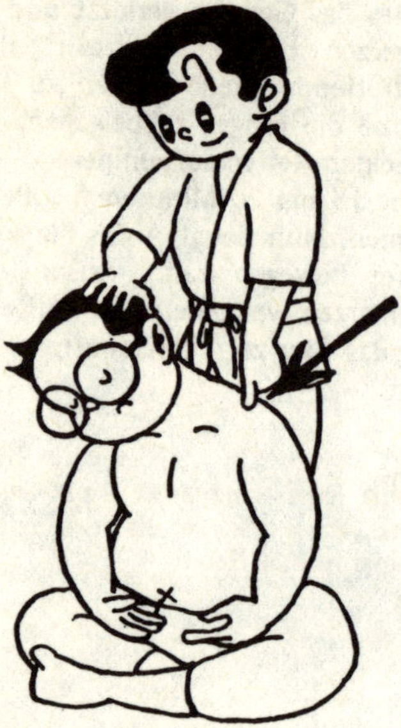

Um die Nackenmuskulatur weich zu machen, wendet A auf B's Muskeln zwischen Schulter und Nacken (Linie A) kiatsu an. Er legt seine Hand auf B's Kopf und beugt ihn allmählich so weit wie möglich, ohne ihn jedoch dazu zu zwingen.

Nun legt A seine linke Hand unter B's Kinn und dreht B's Gesicht nach links. Dann drückt er B's Nackenmuskeln (Linie B) mit den Fingern der rechten Hand.

Anfangs wird B's Nacken nicht so weit zu beugen sein. Während A jedoch die linke Nackenmuskulatur mit den Fingern der linken Hand drückt, wird sich B's Kopf immer weiter zur Schulter hin bewegen, da die Muskeln weich und gelöst werden. Nach wenigen Behandlungen läßt sich der Nacken ganz und gar beugen. Danach beugen Sie B's Kopf nach rechts und drücken auf die Muskeln auf der rechten Seite in gleicher Weise.

Anfangs wird sich B's Nacken nur schwer bewegen lassen. Je länger A jedoch drückt, umso größer wird seine Beweglichkeit. Anschließend wird die linke Seite behandelt.

Dann drückt A die Punkte auf B's Schulter und läßt ihn dabei den Kopf hin und herdrehen, um weitere schmerzende Punkte auszumachen, die dann ebenfalls behandelt werden. Man bewege die Finger Stück für Stück weiter, während sich der Nacken bewegt. Wenn keine schmerzhaften Punkte mehr vorhanden sind, ist der Nacken wieder gesund.

Sollte eine Behandlung nicht ausreichen, dann wiederholen Sie sie am nächsten Tag. Es ist nicht nötig, einen oder gar zwei Monate damit zu warten.

Migräne kann auf die gleiche Weise behandelt werden.

Während eines Lehrgangs in Honolulu erklärte ich Dr. Howard, dem Präsidenten des Lewis and Clark College in Portland, die *kiatsu*-Methode. Er war sehr davon angetan und bat mich um eine Demonstration. Eine Teilnehmerin des Lehrgangs (sie kam aus Kalifornien) litt schon seit acht Jahren an Migräne. Sie war gerade dreißig, sah jedoch viel älter aus, da sie immer die Stirn runzelte. Alle anderen schauten zu, als ich sie mit *kiatsu* behandelte. Nach kurzer Zeit wurde der Nacken weich und begann sich wieder frei zu bewegen. Nach 20 Minuten fragte ich sie nach ihrem Befinden. „Mein Nacken ist jetzt unglaublich locker", sagte sie, „und ich kann meinen Kopf ohne Schmerzen und sogar schnell bewegen!" Sie runzelte auch nicht mehr die Stirn. Ich behandelte sie noch drei Mal mit *kiatsu*, dann war sie vollkommen geheilt und fuhr glücklich wieder nach Hause. Dr. Howard war von der Kraft von KI so überrascht, daß er beschloß, im folgenden Frühling einen Lehrgang in seiner Universität zu organisieren. . .

Kiatsu kann zunächst etwas zeitaufwendig sein, da Ihr KI anfangs manchmal fließt, manchmal aber auch nicht. Doch mit fortschreitender Übung werden Sie genau spüren, wenn KI durch Ihre Fingerspitzen strömt. Und dann werden Sie auch in der Lage sein, die betroffenen Stellen mit den Fingern zu finden, ohne den Patienten zu befragen. Glauben ist Macht. KI strömt, wenn Sie glauben, daß es strömt. Glauben Sie an die Prinzipien des *kiatsu*, und Ihr Vertrauen wird Ihnen Kraft geben.

Die Dinge, die ich in diesem Büchlein vorstellen konnte, sind gleichwohl nur ein Teil dessen, was es zu sagen gibt.

Üben und entwickeln Sie die ursprüngliche Kraft, die Ihnen vom Universum gegeben wurde, und Sie werden Fähigkeiten, Kraft und Selbstvertrauen entwickeln können, die Sie selbst überraschen werden.

Da Geist und Körper zu vollkommener Gesundheit gelangen, können Sie ein strahlendes und glückliches Leben wirklich genießen.

Es ist mein tiefster Wunsch, daß Sie alle durch meine Ausführungen die Einheit von Geist und Körper erreichen, eins mit dem KI des Universums werden und durch den Geist der Liebe und des Beschützens aller Dinge wahre und tiefe Menschen werden mögen.

Übungszentren für KI und Aikido in Einheit von Geist und Körper bestehen zur Zeit der Drucklegung dieses Buches (1981) in Berlin und Erlangen. Die Adressen teilt Ihnen der Verlag auf Anfrage gerne mit (Rückporto).